IMPOSSIBLE
MISSION

—9/11—

WIE EIN KLEINES
SPEZIALKOMMANDO
DEN GRÖSSTEN TERRORANSCHLAG
DER GESCHICHTE DURCHGEFÜHRT
HABEN KÖNNTE

OLIVER JANICH

Originalausgabe
1. Auflage 2018
© 2018 CBX Verlag UG
Joseph-Dollinger-Bogen 13
80807 München
info@cbx-verlag.de

Umschlaggestaltung: Michael Burtscher, nu-art.at
Coverfoto: Health Plan
Satz: CBX Verlag
Druck und Bindung: CPI books GmbH, Leck
Printed in Germany
ISBN 978-3-94579-491-3

Danksagung

Vielen Dank an Johanna von Bogen für Redigieren und Gestaltung, Michael Burtscher (NU ART[1]) für die Cover-Gestaltung.

Ganz besonders bedanke ich mich auch bei allen Lesern und Unterstützern, die mir die Treue halten.

Inhaltsverzeichnis

VORWORT

Über den 11. September 2001 sind viele Bücher geschrieben und Filme gedreht worden. Die Vertreter alternativer Theorien beschäftigen sich mit den Ungereimtheiten an diesem Tag, aber kaum einer damit, wie es die Täter genau gemacht haben. Vertreter der offiziellen Theorie argumentieren oft, dass viel zu viele Menschen daran hätten beteiligt sein müssen und es zu viele Zeugen geben müsste, die plaudern könnten. Klingt schlüssig? Für das Szenario, das ich in meinem Buch entworfen habe, sind nicht viele Menschen nötig.

Ein Spezialkommando von nicht mehr als fünf Agenten hätte den Anschlag durchziehen können! Dabei konnten die wahren Täter nicht nur vor den Augen der Öffentlichkeit oder etwaigen Zeugen verborgen bleiben, sondern auch vor den Augen des gesamten Sicherheitsapparates der USA. Dafür mussten die Attentäter nur eine einzige Stelle richtig besetzen.

In der Realität werden mehr Leute beteiligt gewesen sein, aber egal wie, die Anzahl der Mitwisser wäre überschaubar. Fast ebenso wichtig: Die wahren Täter haben so gut wie keine Spuren hinterlassen. Mein Szenario ist die risikoärmste und kostengünstigste, also die mit Abstand effizienteste Variante. Am Endes des Buches können Sie selbst entscheiden, welche Variante Sie gewählt hätten, wenn Sie ein psychopathischer Massenmörder wären.

Spätestens wenn sich unbefangene Beobachter die wissenschaftlichen Untersuchungen der Architekten und Ingenieure der Organisation „Architects and Engineers for 9/11-Truth"[2] ansehen, ist ihnen klar: Es ist unmöglich, dass zwei Flugzeuge den Einsturz von drei Wolkenkratzern in New York verursacht haben können. Ein Gebäude stürzt nicht in freier Fallgeschwindigkeit senkrecht in sein eigenes Fundament, ohne dass gezielt alle tragenden Teile entfernt wurden. Wer sich einen schnellen Überblick über die Inkonsistenzen in der offiziellen Theorie verschaffen will, sollte sich meine beiden Focus-Money-Titel „Wir glauben euch nicht"[3] und „Tathergang"[4] aus dem Jahre 2010 zu Gemüte führen.

Aufgewacht sind wohl die meisten, nachdem sie den Einsturz von WTC7 auf Videos[5] gesehen haben, ein Ereignis, das zunächst von den Massenmedien und der Untersuchungskommission komplett verschwiegen wurde. Später wurden hanebüchene Begründungen nachgeschoben, die von Physikprofessoren und Architekten Punkt für Punkt widerlegt wurden. So ein symmetrischer Einsturz ist laut dem ersten Newtonschen Gesetz praktisch unmöglich, denn Masse geht immer den Weg des geringsten Widerstandes. Theoretisch könnte es nach einer unendlichen Anzahl von Versuchen einmal vorkommen, dass zufällig alle Säulen gleichzeitig nachgeben, daher tendiert die Wahrscheinlichkeit für so ein Ereignis gegen null, ist aber nicht exakt null.

Doch der eigentliche Schlüssel zu 9/11 ist das dritte Newtonsche Gesetz. Wer dieses Gesetz versteht, kommt zu dem Schluss, dass die Wahrscheinlichkeit für die offizielle Version nicht nur gegen null tendiert, sondern exakt null ist. Zu diesem Zweck sollten Sie sich die Filmaufnahmen[6] von Michael Hezarkhani (siehe Titelbild), die zeigen sollen, wie Flug 175 in den zweiten Turm gestürzt ist, genau anschauen. Dazu später mehr.

Aber unabhängig davon, ob Sie die Gesetze der Physik verstehen, werden Sie vermutlich am Ende des Buches zumindest einsehen, dass mein Szenario theoretisch denkbar ist und es die mit Abstand effizienteste Vorgehensweise darstellt. Sie müssen sich dann nur noch fragen, warum sie es anders gemacht hätten sollen.

DIE VORGESCHICHTE

28. Juli 1945: B-25-Bomber rast in das Empire State Building

Kurz nach dem Ende des II. Weltkrieges rast im Nebel ein zehn Tonnen schwerer B-25-Bomber in das Empire State Building. 14 Menschen sterben, davon elf aus dem Büro an der Einschlagstelle. Das Gebäude insgesamt hält stand, zeigt nur leichte Beschädigungen, Wrackteile sind klar sichtbar. Der Unfall lenkt die Aufmerksamkeit der Architekten und Ingenieure auf diese Art der Bedrohung für hohe Gebäude.

13. März 1962: Operation Northwoods: US-Militär schlägt Präsident Kennedy inszenierte Terroranschläge vor – Nato Geheimarmee Gladio treibt ihr Unwesen

1962 schlagen die vereinigten Stabschefs darunter der spätere Oberkommandeur der Nato in Europa, Lyman Lemnitzer, Kennedy vor, Anschläge auf die zivile Luftfahrt in den USA selbst zu inszenieren und dann Fidel Castro in die Schuhe zu schieben, um ihn in Kuba zu stürzen. Die Dokumente sind inzwischen im Rahmen des Freedom of Information Act (Informationsfreiheitsgesetz) freigegeben. Während

Lemnitzers Amtszeit als Kommandeur des US European Command in den Sechzigerjahren und mindestens bis 1990 trieb die Nato-Geheimarmee Gladio in ganz Europa ihr Unwesen. Italienische Gerichte haben eindeutig festgestellt, dass diese staatliche Geheimarmee Terroranschläge in ganz Europa durchgeführt hat, darunter vermutlich auch das Oktoberfest-Attentat 1980 in München. Beachten Sie dazu die Arbeiten des Schweizer Historikers Dr. Daniele Ganser. Hätte Kennedy damals zugestimmt, hätten die Amerikaner bereits in den Sechzigerjahren ihr 9/11 erlebt. Ein Jahr später wurde Kennedy ermordet, die wahren Täter sind, nach Meinung vieler Menschen, einschließlich mir, bis heute nicht ermittelt. Die vollständigen Akten werden noch immer geheim gehalten. Am 27. April 1961 warnte Kennedy in einer Rede vor Zeitungsverlegern vor Geheimgesellschaften und einer weltweiten Verschwörung. Die Rede wird in keiner einzigen dieser Zeitungen abgedruckt, sie ist aber in der John F. Kennedy Bibliothek – auch online – abrufbar. George W. Bush ist Mitglied in einer solchen Geheimgesellschaft, Skull & Bones, deren Emblem ein Totenkopf mit gekreuzten Knochen ist. Sein Großvater Prescott Bush war, ebenso wie sein Vater, Mitglied dieser Yale-Bruderschaft. Er wurde wegen der Finanzierung Hitlers von einem amerikanischen Gericht verurteilt. Ist es wirklich so unwahrscheinlich, dass Bush anders gehandelt hat als Kennedy und so einem Plan zugestimmt hat?

2004 trat Bush gegen John Kerry zur Präsidentschaftswahl an. Kerry ist ebenfalls Mitglied von Skull & Bones und gibt die Wahl verloren, obwohl nachträgliche Untersuchungen zeigen, dass Kerry bei korrekter Stimmenauszählung gewonnen hätte. Als ein Student 2007 Kerry auf seine Mitgliedschaft bei Skull & Bones und ein Buch, das seinen Wahlsieg belegt, anspricht, wird er mit einem Taser unter Elektroschocks gesetzt. Das Video von der Campus-Veranstaltung wurde inzwischen mehr als fünf Millionen Mal bei YouTube abgerufen, in Europas Mainstream-Medien aber nie gezeigt („University of Florida Student tasered at John Kerry Forum"[7]).

2. Mai 1968: Initiative warnt vor Flugzeugeinschlag ins World Trade Center (WTC)

Eine amerikanische Bürger-Initiative warnt mittels Anzeige in der New York Times davor, dass Flugzeuge in das World Trade Center stürzen könnten. Die Anzeige zeigt eine Fotomontage mit einem herannahenden Flugzeug.

August 1968: Baubeginn am World Trade Center

Beim Bau des World Trade Centers, der im August 1968 beginnt, wird die Möglichkeit eines Flugzeugcrashs explizit berücksichtigt. Am 25. Januar 2001 erklärt der Architekt Frank de Martini, der als Manager des WTC-Baubüros arbeitete, in einer TV-Dokumentation[8], wie das WTC gegen solche Ereignisse gesichert wurde. Die Struktur des Gebäudes gleiche einem Moskito-Netz, in das jemand Kugelschreiber hineinstecke, was dem Netz nichts anhaben könne. Das Gebäude könne seiner Meinung nach mehrere Flugzeugeinschläge problemlos verkraften. De Martini stirbt am 11. September 2001 bei den Anschlägen.

1976-1991: CIA und andere Geheimdienste nutzen die BCCI-Bank, um Terroraktionen zu finanzieren

Wie der Journalist Joseph Trento in seinem 2005 erschienenem Buch Prelude to Terror berichtete, nutzten die CIA und andere Geheimdienste ab 1976 die BCCI-Bank um Terroraktivitäten auf der ganzen Welt zu finanzieren. Wörtlich schreibt er: „Mit dem offiziellen Segen von George H.W. Bush als Chef der CIA verwandelte Adham (der pakistanische Geheimdienstchef Kamal Adham) eine kleine pakistanische Handelsbank, die Bank of Credit and Commerce International (BCCI) in eine weltweite Geldwäsche-Maschine, die Banken rund um die Welt aufkaufte, um das größte kriminelle Geldnetzwerk der Welt zu erschaffen. Die Bank sollte das Geschäft jeder größeren Terroristen-, Rebellen- und Untergrundorganisation der Welt abwickeln".

Die Times beschrieb am 22.7.1991 die BCCI nicht nur als Bank, sondern als eine „globale Geheimdienstorganisation mit einer mafia-ähnlichen Eingreiftruppe". Der britische Guardian berichtet am 26.7.1991, dass die CIA über 500 britische Informanten aus Militär, Wissenschaft, Wirtschaft und Medien über die BCCI-Bank bezahlt hat. Laut einer Untersuchung des US-Kongresses von 1992 (unter Leitung des Kongressabgeordneten Charles Schumer) ignorierten die US-Regierungsbehörden in den Jahren von 1979 bis 1991 über 700 Hinweise auf die Aktivitäten der BCCI-Bank und deren finanzielle Unterstützung von Terroristengruppen. Über die Vorgehensweise der Bank, die zahlreichen Verbindungen zwischen BCCI, CIA und anderen Geheimdiensten sowie die Vertuschung dieser Tatsachen gibt neben Trentos Buch unter anderem die 1947 gegründete Vereinigung amerikanischer Wissenschaftler (FAS[9]) Auskunft. Die Verbindung der BCCI-Bank zu 9/11 wird später klar.

1977: Gründung der „Nationalities Working Group"

Zbigniew Brzezinski, Präsident Jimmy Carters Berater für nationale Sicherheit und Mitgründer der „Trilateralen Kommission" David Rockefellers, ruft die „Nationalities Working Group" ins Leben. Ihr Ziel: Die ethnischen Konflikte in Afghanistan zu schüren, um die Sowjetunion zu schwächen. Brzezinski sieht die islamische Bevölkerung als wichtigstes Instrument gegen die Sowjetunion.

8. Dezember 1979: CIA provoziert Einmarsch der Sowjetunion in Afghanistan

Der Nahostexperte und ABC-Korrespondent John Cooley enthüllt in seinem Buch Unholy Wars die wichtige Rolle der CIA beim Aufbau islamischer Einheiten in Afghanistan. Er zitiert Dokumente aus freigegebenem russischem Archivmaterial, nach denen der damalige afghanische Führer Hafizullah Amin, der zwei Monate zuvor durch einen Putsch an die Macht kam, geheime Kontakte zur US-Botschaft unterhielt und möglicherweise selbst US-Agent war. Amin lud die Sowjets am 8. Dezember 1979 in das Land ein, damit für Stabilität gesorgt würde. Am 26. Dezember stürmten die Russen den Präsidentenpalast, brachten Amin um und starteten ihre Invasion.

Im Januar 1998 berichtete der damalige Sicherheitsberater Zbigniew Brzezinski in einem Interview mit dem französischen Le Nouvel Observateur, dass im Jahr 1979 Carter die CIA autorisiert habe, die afghanische Regierung zu destabilisieren, um die Sowjetunion zum Einmarsch zu provozieren. Und am 26. Dezember 1978 schlug Brzezinski Präsident

Carter vor, die US-Regierung solle Pakistan den Besitz von Atomwaffen erlauben, damit Pakistan die islamischen Kämpfer gegen die Sowjets unterstützen könnte. Pakistan wurde (inoffiziell) Atommacht und ihr Geheimdienst ISI organisierte Waffenlieferungen und die Ausbildung der Mudschahidin, die zum Teil sogar in den USA unterrichtet wurden.

1980-1989: CIA liefert Waffen an Osama bin Laden

Der Journalist Simon Reeve enthüllt in seinem von der Washington Times, der Washington Post und der New York Times gelobten Buch The New Jackals von 1999, wie die CIA die Mudschahidin unterstützte und Osama bin Ladens Männer mit Waffenlieferungen versorgte. Er zitiert einen ehemaligen Geheimdienstoffizier mit den Worten, es könnte peinlich für bin Laden und die CIA werden, wenn diese Unterstützung publik würde.

Einschub: Das Osama Phantom

Das von der Mainstream-Presse gelobte Buch von Simon Reeve enthält eine Fülle interessanter Informationen. The New Jackals ist von 1999. Damals wusste die Mainstream-Presse noch nicht, dass die US-Regierung Osama bin Laden für 9/11 verantwortlich machen würde. Dies ist ein grundsätzliches Muster, das Sie erkennen werden, wenn Sie die in diesem Buch genannten Fakten nachrecherchieren wollen. In der Mainstream-Presse finden Sie eine Fülle eindeutiger Beweise, die den offiziellen Verlautbarungen widersprechen. Diese Beweise werden aber einfach ignoriert, sobald die offizielle Theorie der Regierung in Umlauf ist. Dieses

Phänomen zeigt überdeutlich auf, dass wir keine unabhängige, sondern eine gleichgeschaltete Presse haben. Wie es dazu kommen konnte und welchem Zweck (kurz: Kontrolle der Bevölkerung) diese Gleichschaltung dient, erkläre ich ausführlich in meinem Buch „Das Kapitalismus-Komplott"[10].

Der Fall Osama ist ein besonders gutes Beispiel für die Gleichschaltung der Presse. Vor den Anschlägen vom 11. September gab es eine Fülle von Büchern und Artikeln über die Zusammenarbeit der CIA mit den Mudschahidin und Osama bin Laden, da es damals noch um die Bekämpfung der bösen Russen ging. Simon Reeve zitiert in seinem Buch einen ranghohen CIA-Beamten, der nahe legt, dass die CIA direkten Kontakt zu Osama bin Laden hatte. Spätere Recherchen bestätigen das. Anonyme, „ranghohe Beamte" sind natürlich nicht viel wert. Aber: Solange es in die offiziellen Geschichten passt, darf die Mainstream-Presse mit solchen anonymen Quellen gerne argumentieren.

Sobald die Puzzle-Teile nicht mehr passen, werden aus seriösen Quellen plötzlich „Verschwörungstheoretiker". So darf Pulitzer-Preisträger Steve Coll in seinem Buch „Ghost Wars" noch schreiben, dass die CIA den Kampf der afghanischen Mudschahidin mit drei Milliarden US-Dollar gesponsert hat. Aber dass Osama bin Laden, einer der wichtigsten Führer im Kampf gegen die Sowjets, direkte Kontakte mit der CIA hatte, weist die Regierung dann entrüstet zurück (wenn überhaupt darüber berichtet wird).

Wie absurd dieses Dementi ist, können Sie an der Aussage von Michael Springmann, Leiter des amerikanischen Visa-Büros im saudischen Dschidda in den Jahren 1987 bis

1989 erkennen. Gegenüber der BBC sagte er am 7. November 2001: „Ich tat nicht weniger, als dass ich Visa an Terroristen gab, die durch die CIA und Osama bin Laden rekrutiert worden waren, und zu Trainingszwecken in die Vereinigten Staaten zurückkamen, um dann im Krieg in Afghanistan gegen die Sowjets eingesetzt zu werden." Die US-Behörden verschaffen bin Ladens Kämpfern Visa, ohne Kontakt mit ihm zu haben? Das ist schlicht lächerlich. Irgendjemand muss den US-Behörden schließlich mitgeteilt haben, welchen Kämpfern die Visa ausgestellt werden sollen. Die Namenslisten können nur von der Spitze der Terror-Organisation kommen, sonst könnte schließlich jeder daher spazieren, „Osama" sagen und ein Visum bekommen.

Was unsere Massenmedien ebenfalls gerne verschweigen, ist, dass Osama seine Kämpfer auch in Jugoslawien auf Seiten der Nato einsetzte. Am 15. September 2001 berichtete Der Spiegel[11] noch, wie seine Reporterin Renate Flottau dem Terroristen-Chef 1993 im Palast von Alija Izetbegovic, den von der Nato unterstützten Präsidenten der von Jugoslawien abgespaltenen bosnisch-muslimischen Sezessionsrepublik, begegnete. Bin Laden besaß sogar einen Pass des neuen Staates Bosnien-Herzegowina, und „rühmte sich, internationale Kämpfer ins Krisengebiet zu schmuggeln". In späteren Berichten fehlt dieser Hinweis.

Gerhard Wisnewski hat für die Neuauflage seines Buches „Operation 9/11" darüber hinaus CIA-Dokumente[12] ausgegraben, nach denen Osama bin Laden kurz nach den Anschlägen den Vereinigten Staaten geraten hat, sie „sollten versuchen, die Täter in ihrem Inneren zu suchen; Leute, die Teil des Systems sind, aber dagegen opponieren. Oder solche, die für ein anderes System arbeiten. Personen, die das gegenwärtige Jahrhundert zu einem Jahrhundert des Konflikts zwischen Islam und Christenheit machen wollen, damit ihre eigene Zivilisation, Nation, Land oder Ideologie überleben kann."

1985: Heimliche Regierung: Der „Continuity of Government Plan"

Dick Cheney und Donald Rumsfeld erarbeiten einen Handlungsablauf zur heimlichen Fortführung der Regierung im Falle eines Angriffs. Dieser verfassungswidrige „Continuity of Government Plan" (COG) wird erstmals am 11. September 2001 umgesetzt. Während der Achtzigerjahre waren Donald Rumsfeld Verteidigungsminister und Dick Cheney Vize-Präsident, am 11. September die Schlüsselpersonen bei der Installation des „Continuity of Government Plan", das auch als „Project 908" bekannt ist. Im Falle eines russischen Angriffs sollte die Fortführung der Regierung gewährleistet sein, mittlerweile wurde der Plan aber auch auf terroristische Angriffe ausgedehnt.

Die Washington Post berichtet am 7. April 2004 unter dem Titel „'Armageddon' Plan Was Put Into Action on 9/11, Clarke Says", dass dieser unter Reagan installierte Plan am 11. September 2001 in Kraft gesetzt wurde. James Mann, früherer Washington-Korrespondent der LA-Times berichtet in der März Ausgabe 2004 des Atlantic Monthly unter dem Titel „The Armageddon Plan" ausführlich darüber, wie dieser Plan im Geheimen und ausdrücklich an der Verfassung vorbei installiert wurde. Er führt außerdem aus, dass Dick Cheney und Donald Rumsfeld über all die Jahre immer bereit standen und auch übten, die geheime Regierung zu übernehmen, obwohl sie überhaupt nicht gewählt wurden.

Am 16. September 1985 wurde der COG per Präsidentenorder 12472 geschaffen und mehrfach geändert. Antiterror-General Richard Clark berichtete, er hätte ihn 1998 aktualisiert. Details bleiben geheim. Dick Cheney soll ihn 2001 weiterentwickelt haben. So ist es also jederzeit möglich, dass nicht gewählte Individuen bei einem echten oder inszenierten Anschlag die Regierung übernehmen, ohne den Kongress zu fragen, respektive völlig unabhängig davon, wer zuvor von den Bürgern gewählt wurde. Die Begründung für Reagan lautete damals, es bräuchte einen Notfallplan, falls Präsident und Vizepräsident getötet würden. In Wirklichkeit ist die Nachfolge unter gewählten Volksvertretern aber seit dem Presidential Succession Act von 1947 detailliert geregelt.

4. Januar 1984: Hafenbehörde warnt vor Terroranschlag auf das World Trade Center

Wie bei einer New Yorker Gerichtsverhandlung am 20. April 2004 herauskommt, gab es bereits 1984 erste Hinweise auf terroristische Anschläge auf das World Trade Center. Seitdem gab es zahlreiche Warnungen. Das Office of Special Planning führte daraufhin eine sechsmonatige Überprüfung der Gebäude durch, in der alle Schwachstellen identifiziert wurden. Das ist vor allem dann interessant, wenn man von Sprengungen ausgeht. Vor einem Flugzeugeinschlag kann sich die Hafenbehörde selbst nicht schützen (das kann nur die Luftabwehr), aber dass spätestens seitdem Sicherheitsmaßnahmen gegen eine komplette Verminung des Gebäudes ergriffen wurden, liegt auf der

Hand. Die Sicherheitsfirma muss also involviert gewesen sein.

Mitte 1980er: Bin Ladens ältester Bruder in Iran-Contra-Affäre verwickelt

PBS Frontline berichtet 2001 unter der Überschrift „About the bin Laden Family"[13], dass Osamas ältester Bruder, Salem bin Laden, der Reagan Regierung dabei half, 34 Millionen Dollar über Saudi-Arabien zu den Contras in Nicaragua zu transferieren.

12. Dezember 1985: Flugzeugabsturz in Neufundland steht in Verbindung mit Geldwäsche der BCCI und der Iran-Contra-Affäre

Am 12. Dezember 1985 stürzt kurz nach dem Start vom Flughafen Gander, Neufundland, ein Charter-Flugzeug der Arrow Air ab. Alle 256 Passagiere, darunter 248 US-Soldaten, sterben. Offizielle Stellen sprechen von einem Unfall. Am 27. April 1992 enthüllt das Time Magazine Fakten, die für einen Anschlag sprechen. Im Zuge der Iran-Contra-Affäre kommt ans Licht, dass Lieutenant Colonel Oliver North die Chartergesellschaft regelmäßig für Waffentransporte einsetzte. An Bord der Maschine – und ebenso in der drei Jahre später zerstörten Pan Am-Maschine – waren 203 Spezialisten für Konterterrorismus. Das Time Magazin kommt zu dem Schluß, dass kanadische und amerikanische Behörden einen Terroranschlag vertuschen wollten.

An dieser Stelle müssen wir uns fragen, warum Regierungen Terroranschläge vertuschen sollten, wenn nicht etwas für sie Unangenehmes dabei herauskäme. Sogenannte

„Counter-Terrorism"-Einheiten sollen offiziell Terror verhindern. Geheimdienstexperten vermuten, dass „Counter-Terrorismus" einfach nur ein anderes Wort für Staatsterrorismus ist. Recherchen sind jedoch sehr schwierig, die Quellen nicht nachprüfbar. So schreiben beispielsweise 1992 die beiden Times-Reporter Jonathan Beaty und S.C. Gwyne ein Buch über die BCCI: „The Outlaw Bank". Darin kommt ein Waffenhändler zu Wort. Er gibt an, dass an Bord der Neufundland-Maschine eine große Menge an Bargeld aus den Geldwäscheoperationen der BCCI gewesen sei. Der Waffenhändler nennt sich „Heinrich" und möchte anonym bleiben.

Juli 1991: Osama bin Laden verliert Geld bei der Schließung der BCCI Bank

Die United Press International berichtet am 1. März 2001, Osama bin Laden habe im Juli 1991 bei der Schließung der BCCI-Bank einen Großteil seines Geldes verloren, das er dort investiert gehabt hätte.

1996-1999: US-Behörden erhalten zahlreiche Hinweise auf 9/11 Attentäter

Die Frankfurter Allgemeine Zeitung berichtet am 2. Februar 2003, dass der Landesverfassungsschutz in Hamburg die Hamburger Terrorzelle um Mohammed Atta schon Jahre vor den Anschlägen beobachtet hatte, einzelne Mitglieder der Zelle schon seit 1997. Weitere Berichte darüber, wie deutsche Dienste und Behörden US-Stellen und die CIA über die späteren mutmaßlichen Attentäter informierten, finden Sie bei der Deutschen Presseagentur (13.August 2003: Dort steht, dass der CIA sogar die Telefonnummer des späteren mutmaßlichen Attentäters Marwan al-Shehhi übermittelt wurde.), in der New York Times (24. Februar 2004) und in den Berichten über die Kongressanhörungen. Auch die Nationale Sicherheitsbehörde der USA, die NSA, überwachte laut Associated Press vom 25. September 2002 zahlreiche Telefonanrufe der mutmaßlichen Attentäter.

Laut Sunday Times vom 9. Juni 2002 überreichte auch der britische Geheimdienst MI6 1999 einen Bericht an die US-Botschaft in London, nach dem Al-Kaida, die Terrororganisation, die später für 9/11 verantwortlich gemacht wird, plant, kommerzielle Flugzeuge zu entführen und auf unkonventionelle Weise zu benutzen, möglicherweise als fliegende Bomben.
Es gab buchstäblich hunderte von Hinweisen auf die späteren Attentäter. Eine Übersicht finden Sie auf der Webseite historycommons.org, die derzeit aber nur noch über die Wayback-Machine zu erreichen ist. Alle Angaben sind mit Links zu den Quellen aus Presse oder offiziellen Regierungsdokumenten unterlegt.

Soweit die Vorwarnungen in offiziellen Regierungsdokumenten auftauchen, wird die Tatsache, dass die Hinweise ignoriert und nicht weitergegeben wurden, immer mit Inkompetenz oder fehlender Vernetzung erklärt. Jeder muss für sich entscheiden, wie wahrscheinlich es ist, dass Informationen von solcher Tragweite nie an der richtigen Stelle landen und, vor allem, kein einziges Mal ernst genommen werden.

3. Juni 1997: Think Tank fordert militärische Dominanz der USA

Der im Frühjahr gegründete neokonservative Think Tank „Project For a New American Century" (PNAC) fordert eine militärische Dominanz der USA in allen Teilen der Welt. Am 26. Januar 1998 richtet sich PNAC in einem offenen Brief an Bill Clinton und fordert, dass Saddam Hussein entfernt werden müsse. Von den 18 Unterzeichnern gehören 10 der späteren Bush-Administration an (insgesamt 16 PNAC-Mitglieder), darunter: Richard Perle (Vorsitzender des beratenden Ausschusses für das Verteidigungsministerium), Paul Wolfowitz (stellvertretender Verteidigungsminister) und Donald Rumsfeld (Verteidigungsminister). Der Vizepräsident unter Bush, Dick Cheney, gehört zu den Gründungsmitgliedern von PNAC. Dick Cheney war auch zweimal (1987 bis 1989 und 1993 bis 1995) Direktor des einflussreichen Think Tanks „Council on Foreign Relations" (deutscher Ableger: DGAP). Paul Wolfowitz ist einer der fleißigsten Teilnehmer an den Bilderberger Konferenzen (bisher elfmal). Mehr dazu in meinem Buch „Das Kapitalismus-Komplott" oder „Die Vereinigten Staaten von Europa"[14].

4. September 1998: Bill Clinton wird vor Flugzeugentführung durch bin Laden gewarnt

Zuweilen schaffte es doch einmal eine Warnung auf den Schreibtisch desjenigen, den es angeht: den US-Präsidenten. Laut Washington Post vom 18.7.2004 erhielt der damalige Präsident Bill Clinton am 4. September 1998 ein Briefing mit dem Titel: „Bin Laden bereitet sich auf Flugzeugentführungen und andere Attacken vor". Auch George W. Bush erhielt eindeutige Warnungen, wie wir später noch sehen werden.

Dezember 1998: Das Able Danger-Projekt zur Überwachung von Osama bin Laden startet

Ende Dezember startet das Verteidigungsministerium auf Initiative von General Henry Shelton, damals Vorsitzender des Oberkommandos der Streitkräfte (Joint Chiefs of Staff), das Able Danger Programm, das das Netzwerk von Osama bin Laden überwachen soll und tatsächlich der Zelle um Mohammed Atta auf die Spur kommt (Siehe Januar 2001, als das Programm eingestellt wurde. Im Juni 2001 ging Shelton in Pension). Louis Freeh, FBI-Direktor (ebenfalls bis Juni 2001), sagt dem Wall Street Journal am 17.11.2005: „Able Danger ist eine verfehlte Gelegenheit, die möglicherweise den 11. September hätte verhindern können. (...) Diese schockierende Aussage der 9/11 Kommission (dass Able Danger geschichtlich unwichtig sei) zeigt das Scheitern, Able Danger zu untersuchen, und wirft ernsthafte Frage nach der Glaubwürdigkeit der Kommission auf."

3. März 1999: Militärexperte fabuliert über neues Pearl Harbor

Andrew Krepinevich, Vorsitzender des Think Tanks „Center for Strategic and Budgetary Assessments", sagt vor dem Senate Armed Services Subcommittee on Emerging Threats and Capabilities, das Militär müsste deutlich gestärkt werden, was aber nur möglich sei, wenn es einen „starken externen Schock", „eine Art modernes Pearl Harbor" gäbe.

1999: Zahlreiche 9/11-Attentäter erhalten US-Visa, obwohl sie unter Terrorverdacht stehen

Es ist eine Sache, Terrorwarnungen zu ignorieren oder zu verschlampen. Eine vollkommen andere Sache ist es, dass zahlreiche spätere, mutmaßliche Attentäter (mindestens zwölf) Visa von US-Botschaften erteilt bekamen, obwohl der ausstellenden Behörde bekannt war, dass sie unter Terrorverdacht stehen. An dieser Stelle ein Hinweis: Ich benutze den Terminus „mutmaßliche Attentäter" deshalb, weil es, wie wir sehen werden, äußerst unwahrscheinlich ist, dass diese Personen an den Anschlägen überhaupt wissentlich beteiligt waren. Vor dem Hintergrund der These, dass Regierungsbehörden die Attentate selbst inszenierten, ist es aber erklärlich, warum sowohl die Warnungen ignoriert wurden, als auch, warum die Visa ausgestellt wurden: Man brauchte die Sündenböcke vor Ort.

Der berühmteste Sündenbock der Geschichte ist wohl Lee Harvey Oswald. Kein vernünftiger Mensch, der sich mit dem Kennedy-Mord beschäftigt hat, geht heute noch davon aus, dass er geschossen hat, geschweige denn ein Einzeltäter war. Man muss aber immer einen (glaubhaften) Täter präsentieren und zumindest in die Nähe des Tatortes lotsen. Ab jetzt verwende ich der Einfachheit halber den Ausdruck „Attentäter". Gemeint sind immer diejenigen, die von Regierungsseite als solche benannt werden, obwohl es dazu keine unabhängige gerichtliche Untersuchung gab.

Mindestens ein Dutzend mutmaßliche Attentäter haben Visa erhalten, obwohl sie den Behörden als verdächtig bekannt waren. Den Vogel aber schießen Salem al-Hazmi und Khalid al-Mihdhar ab. Sogar der Stern berichtet am 13. August 2003, dass die beiden alte Al-Kaida-Veteranen waren. Nach der Visa-Erteilung am 7. April 1999 von der US-Botschaft in Dschidda, Saudi Arabien, reiste al-Mihdhar mehrere Male in die USA ein und wieder aus. Beide bekommen laut 9/11 Commission Report im Pass Vermerke („indicators") verpasst, die sie als radikale Islamisten ausweisen. Bei Salem al-Hazmi ist sogar Folgendes im Pass codiert: „indicator of extremism associated with Al-Kaida (Extremismus in Verbindung mit Al-Kaida)"! Auch die CIA bekommt laut Stern Anfang 2000 Wind von der Sache und nimmt al-Hazmi seitdem in Manndeckung.

Wer schon einmal in die USA gereist ist, dem bleibt jetzt hoffentlich der Mund offen stehen. Schon vor 9/11 musste jeder arglose Bürger eine grüne Karte ausfüllen, wo er angeben muss, ob er Waffen bei sich hat oder Mitglied einer terroristischen Vereinigung ist. Selbst wenn sich jemand nur den Scherz erlaubt, diese idiotischen Fragen mit „Ja" zu beantworten, darf er auf dem Absatz kehrt machen. Die Grenzbeamten lassen nicht mal mehr jemanden einreisen, der am Schalter Witze über Bomben macht. Aber wir sollen glauben, dass solche Gestalten mehrfach anstandslos durchgewunken wurden und das trotz massiver Terrorwarnungen (siehe später)? Lächerlich.

Eine besonders unglaubliche Story stellt der Fall des FBI Beamten Doug Miller dar, der zur Spezialeinheit „Alec Station" der CIA abgestellt war. Die Einheit wurde 1996 gegründet und hatte das explizite Ziel, Osama bin Laden aufzuspüren! Am 5. Januar 2000 liest Miller im Rahmen seiner Tätigkeit einen Bericht über Khalid al-Mihdhars Visa-Erteilung sowie seine

Verbindung zu Al-Kaida und informiert sofort per Depesche das FBI. Doch die Information wird geblockt und Miller wird beschieden, das wäre nicht Sache des FBI. Miller wird später laut Congressional Quarterly vom 1. Oktober 2008, einem Magazin, das über den US-Kongress berichtet, sagen, er habe keine rationale Erklärung dafür, warum die Information nicht weitergegeben wurde. Auch die Spezialeinheit oder die CIA selbst unternahm nichts.

1999: US-Flugabwehr hält Übungen mit entführten Flugzeugen als Waffen ab

USA Today berichtet am 18. April 2004[15], dass die amerikanische Luftabwehr (NORAD) in den zwei Jahren vor 9/11 verschiedene Übungen abhielt, bei denen entführte Flugzeuge als Waffen benutzt wurden, obwohl das Weiße Haus behauptet, so etwas sei zuvor unvorstellbar gewesen. Die Übungen beinhalteten unter anderem Flugzeuge, die ins World Trade Center und ins Pentagon gesteuert wurden.

April 2000: Insider breitet 9/11-Drehbuch vor dem FBI aus

Wie unter anderem die Londoner Times am 9. Mai 2004 berichtet, bekam das FBI im April 2000 detaillierte Insider-Informationen über 9/11. Einer der angeheuerten Attentäter, ein englischer Staatsbürger namens Niaz Khan[16], berichtet dem FBI, wie er dazu ausgebildet wurde, Passagierflugzeuge zu entführen und in Gebäude zu fliegen. Er benennt seine Kontaktleute und besteht sogar zwei Lügendetektortests. Der Observer schildert am 6. Juni 2004, wie Khan 9/11 erlebte: „Ich konnte meinen eigenen Augen nicht trauen. Es war alles genau so wie ich es schilderte, alles wie ich es von Al-Kaida beigebracht bekam. Ich hatte keinen Zweifel. Derselbe Plan." NBC News zitiert am 3. Juni 2004 einen ranghohen FBI-Beamten, der Khan glaubte und aggressiv versuchte, den Spuren nachzugehen. Das FBI-Hauptquartier hätte ihm beschieden: „Bringen Sie ihn (Khan) nach London zurück und vergessen Sie die Sache".

Bevor wir zu einer Reihe von weiteren Vorwarnungen kommen, sei an dieser Stelle auf das spätere Statement von US-Sicherheitsberaterin Condoleezza Rice verwiesen, das sie am 16. Mai 2002 abgab, nach dem niemand eine solche Attacke erwartet habe. Wörtlich sagte sie laut CBS: „Ich denke nicht, dass irgendjemand vorhersagen konnte, dass diese Leute ein Flugzeug entführen würden und in das World Trade Center krachen lassen würden, ein anderes nehmen und ins Pentagon krachen lassen, dass sie versuchen würden, Flugzeuge als Waffen zu benutzen, eine entführte Maschine als Waffe." George W. Bush äußerte sich ähnlich.

September 2000: Auch PNAC wünscht sich ein „neues Pearl Harbor"

PNAC veröffentlicht eine Studie mit dem Titel „Rebuilding Americas Defenses"[17], in der eine Rückkehr der USA zu einer hegemonialen Vormachtstellung gefordert wird. Amerika solle in der Lage sein, viele große Kriege simultan zu führen, auch in Gegenden, wo es keine Militärbasen unterhält. Das ist exakt, was wir heute sehen mit Kriegen in Afghanistan, Irak, Libyen, Syrien und vielleicht bald im Iran. Dies wäre aber nur möglich, wenn es ein katalysierendes Ereignis gäbe wie ein „neues Pearl Harbor". George W. Bush sagt laut Washington Post vom 27. Januar 2002 noch am 11. September: „Das Pearl Harbor des 21. Jahrhunderts fand heute statt".

Ironischerweise glauben manche Historiker wie Prof. Michael Gannon (Buch: „Pearl Harbor Betrayed"), dass die US-Regierung Bescheid wusste, dass die Japaner Pearl Harbor angreifen würden. Zuvor wäre die japanische Regierung mit unannehmbaren Forderungen provoziert worden, um einen Grund für einen Kriegseintritt gegen Japans Verbündeten Deutschland zu haben. Prof. David Ray Griffin nennt einen Teil seiner äußerst empfehlenswerten 9/11-Bücher deshalb: „Das neue Pearl Harbor".

Oktober 2000: Notfallübungen für einen Flugzeug-Crash ins Pentagon

Trotzdem der oberste Militärrat der USA einen solchen Vorfall für unpraktikabel hielt, begann im Oktober 2000 ein Notfallprogramm namens MASCAL. Wie diverse Militärzeitschriften berichteten, wurde dabei der Fall eines ins Pentagon gestürzten Flugzeuges geübt. Die entsprechenden Links zu den Artikeln der Militärzeitschriften sind inzwischen aus dem Netz verschwunden. Kurz nach den Anschlägen gab es aber Berichte in der Washington Post (z.B. 16. September 2001) darüber, wie Sergeant Matt Rosenberg[18] am 11. September die MASCAL-Pläne in Gang setzte.

Januar bis März 2001: Able Danger wird geschlossen, obwohl Mohammed Atta identifiziert wurde

Anfang 2001 wird das Able Danger Programm eingestellt. Einer der Teilnehmer, Lieutenant Colonel Anthony Shaffer, und andere geben der neuen Bush-Regierung die Schuld an der Einstellung. „Die Operation scheint von der neuen Führung nicht geschätzt worden zu sein." („seemed to not be appreciated by the new leadership"), sagte er in einem Interview mit Government Security News im September 2005. Fürwahr, denn Able Danger identifizierte Mohammed Atta und drei weitere 9/11-Entführer als Teil einer gefährlichen Terrorzelle. Shaffer erzählte der 9/11-Kommission alles, was er über Able Danger wusste, die Aussagen wurden aber ignoriert. Das Pentagon untersagte Shaffer ausdrücklich im September 2005, vor dem Justizausschuss des Senats auszusagen. Später wurde er gefeuert, weil er er sein Diensttelefon für private Gespräche in Höhe von 67 Dollar genutzt hätte!

Aber Shaffer ließ nicht locker. Er schrieb ein Buch mit dem Titel „Operation Dark Heart", das im August 2010 mit einer Startauflage von 10.000 Exemplaren gedruckt wurde. Das Pentagon kaufte die komplette Auflage auf, weil die Inhalte die „nationale Sicherheit" gefährden würden. Eine zweite Auflage erschien Ende 2010, aber viele Teile wurden geschwärzt oder komplett gestrichen. Über einen Teil der Able Danger-Operation schrieb die New York Times am 14. August 2005. Shaffer sagt außerdem, dass er CIA-Chef George Tenet bei drei Gelegenheiten über die Ergebnisse von Able Danger informiert hätte. Er wollte Tenet davon abbringen, Able Danger zu schließen, offensichtlich ohne Erfolg.

Tenet traf sich mehrfach mit dem pakistanischen Geheimdienst, von dem manche vermuten, er hätte bei der ganzen Aktion eine nicht unwesentliche Rolle gespielt. Tenet selbst warnte den Kongressangeordneten Ike Skelton kurz vor dem 11. September 2001, dass es eine solche Attacke geben würde. Der Kongress-Korrespondent David Welna sagte wörtlich am 11. September 2001 im National Public Radio: „I spoke with Congressman Ike Skelton - a Democrat from Missouri and a member of the Armed Services Committee - who said that just recently the Director of the CIA [George Tenet] warned that there could be an attack - an imminent attack - on the United States of this nature".

1. Februar 2001: Pläne für den Irak-Krieg werden geschmiedet

Laut dem von Bush zum Rücktritt gedrängten Finanzminister Paul O´Neill (in der US-Sendung 60 Minutes vom 18. Januar 2004) war die Invasion im Irak schon Anfang 2001 geplant. Ein durch den Freedom of Information Act ans Licht gekommenes Dokument bestätigt das. In dem Schriftstück vom 31. Januar 2001 wird eine Sitzung für den 1. Februar 2001 anberaumt. Thema: „Politisch-militärischer Plan für Nach-Saddam-Irak-Krise".

April 2001: Luftverteidigung prüft Flugzeug-Crash in das Pentagon

Der Boston Globe schreibt am 14. April 2004, dass Regierungsbeamte, die für die Luftverteidigung zuständig waren, fünf Monate vor den Anschlägen die Möglichkeit geprüft hatten, dass ein entführtes Flugzeug ins Pentagon geflogen wer-

den könnte. Das Szenario wurde vom Vereinigten General-
stab (Joint Chiefs of Staff) als unpraktikabel zurückgewiesen.
Der Vorfall ist aus zwei Gründen interessant. Erstens bestätigt
er, dass sich die Luftabwehr sehr wohl mit solchen Szenarien
beschäftigt hat. Zweitens passt er bestens in das, was hunderte
professioneller Piloten seit über fünfzehn Jahren bestätigen:
Das Pentagon-Manöver ist selbst für einen geübten Piloten so
gut wie unmöglich.

Das Gebäude ist relativ niedrig. Um es zu treffen, muss man
exakt abschätzen können, auf welcher Höhe man sich zu
einem bestimmten Zeitpunkt befindet. Wie beispielsweise
die Piloten der Vereinigung pilotsfor911truth.org[19] überein-
stimmend sagen, ist das selbst für kampferprobte Jetfigh-
ter-Piloten schwierig, für ungeübte Cessna-Piloten in einer
riesigen Boeing aber absolut ausgeschlossen.

Mai 2001: Dick Cheney bekommt Aufsicht über Ter-ror-Notfall-Programm

Dick Cheney bekommt von Präsident Bush die Aufsicht über
eine „koordinierte nationale Anstrengung" mit dem Ziel,
die Regierungspläne zu integrieren, mit der man auf einen
Angriff mit chemischen, biologischen oder nuklearen Waffen innerhalb der USA reagiere. Dazu wird das „Office of
National Preparedness" geschaffen.

Juni 2001: Regeln für Flugzeugentführungen werden geändert

Am 1. Juni 2001 änderte Admiral S.A. Fry mit der Instruk-
tion CJCSI 3610.01A die Regeln für Verhalten der Behörden
bei Flugzeugentführungen. Vielerorts wird kolportiert, dass

die Regeln so geändert wurden, dass nun erst der Verteidigungsminister gefragt werden müsse, ob das Flugzeug abzuschießen sei. Das war aber schon seit 1997 so und im Notfall können auch untere Instanzen entscheiden. Es wurden nur kleinere Änderungen vorgenommen, beispielsweise ist von nun an nicht mehr das NMCC (National Military Command Center) dafür zuständig, die Situation zu überwachen. Inwiefern das eine tragende Rolle an 11.9. gespielt hat, ist schwer zu sagen. Jedenfalls hatte man einen Zuschauer weniger, der die Pläne hätte durchkreuzen können, wie wir noch sehen werden. Das Timing der Änderung ist durchaus interessant.

Juni 2001: Attorney General John Ashcroft fliegt nicht mehr mit Linienflügen

Laut einem Bericht von CBS vom 26. Juni 2001 ändert Attorney General (gibt es in Deutschland nicht, eine Art Justizminister oder Generalbundesanwalt mit besonderen Befugnissen) John Ashcroft seine bisherige Praxis, mit Linienflügen zu reisen, und benutzt extra geleaste Flugzeuge. Als Grund benennt das Justizministerium eine „Bedrohungslage" (threat assessment).

Juni 2001: NORAD-Übung Amalgam Virgo enthält Drehbuch für 9/11

Die Flugabwehr der USA (NORAD) hält im Juni 2001 die Übung Amalgam Virgo ab. Dabei geht es um das Abfangen niedrig fliegender Flugkörper wie Cruise-Missiles. Die Titelseite der Präsentation[20] dazu ziert Osama bin Laden und auf Seite acht ist sogar ein Bild des explodierenden World Trade Centers zu sehen. Dies zeigt einmal mehr, dass sich das Militär sehr wohl mit solchen Szenarien beschäftigt hat. Dabei ist zu berücksichtigen, dass eine schwere, große, langsame, vom offiziellen Kurs abweichende Boeing viel einfacher abzufangen ist, als eine Cruise-Missile und selbst für Letzteres war das Militär vorbereitet.

4. Juli 2001: Osama bin Laden wird in US Hospital von CIA-Agent besucht

Sowohl die französische Zeitung Le Figaro (31. Oktober 2001), als auch die Asia Times (13. Juli 2002), als auch der britische Guardian (1. November 2001) berichten, dass Osama bin Laden vom 4. bis 14. Juli 2001 in einem amerikanischen Krankenhaus in Dubai wegen Problemen mit der Niere behandelt wurde. Dort wurde er laut den Zeitungsberichten sowohl vom ortsansässigen Repräsentanten der CIA als auch von einigen Mitgliedern seiner Familie sowie „Persönlichkeiten" aus Saudi Arabien und den Emiraten besucht. Zur Erinnerung: Offiziell wird Osama seit 1998 von den USA als Terrorist gesucht und hat sich angeblich von seiner Familie, die engste geschäftliche Kontakte zur Bush Familie hat (unter anderem über die Carlyle Group), losgesagt.

Juli 2001: Piloten dürfen keine Waffen mehr im Cockpit tragen

WorldNetDaily meldet am 16. Mai 2002, dass die Flugbehörde FAA zwei Monate vor den Anschlägen die Regel abgeschafft hat, dass Piloten in kommerziellen Fliegern Waffen tragen dürfen. Die Regel war in der Kuba-Krise in Kraft gesetzt worden und hatte 40 Jahre lang Bestand. Die FAA verweigerte auf mehrfaches Nachfragen von WorldNetDaily die Auskunft, was der Grund für die plötzliche Regeländerung war. Es liegt auf der Hand, dass eine Bewaffnung der Piloten eine besonders simple Methode wäre, solche Terrorattacken, wie zwei Monate später geschehen, zu verhindern.

Juli 2001: Angriff auf Afghanistan geplant

Am 18. September 2001 berichtet die BBC, dass der Krieg gegen Afghanistan bereits (spätestens) im Juli 2001 geplant war. Der frühere pakistanische Außenminister Niaz Naik erzählte der BBC, dass der Plan im Juli 2001 auf einer von der UN gesponserten Konferenz zu Afghanistan in Berlin präsentiert wurde. Der Angriff sollte noch im Oktober stattfinden, bevor der Winter die Witterungsverhältnisse zu schlecht werden lassen würde. Naik äußerte außerdem die Befürchtung, dass die USA von ihren Plänen nicht abgehen würden, selbst wenn die Taliban Osama bin Laden ausliefern würden. Diese Einschätzung erfährt zehn Jahre später eine traurige Bestätigung, als die USA angeblich bin Laden töten und trotzdem keinen der mit dem 11. September begründeten Kriege beenden.

24. Juli 2001: Sechs Wochen vor den Anschlägen mietet Larry Silverstein das WTC

Am 24. Juli 2001 mietet der Immobilienunternehmer Larry Silverstein die Zwillingstürme des World Trade Centers für 99 Jahre und schließt ganz kurz vor den Anschlägen eine Versicherung gegen Terror ab. Die Business Week bezeichnete die Twin Towers am 5. Oktober 2001 als Ruine, die von Beginn an subventioniert wurden und nie wirtschaftlich waren. Die New Yorker Hafenbehörde wollte das Gebäude unbedingt loswerden. Das Gebäude musste von Grund auf saniert werden, unter anderem weil es mit giftigen Substanzen wie Asbest verseucht war. Die Sanierung hätte nach Schätzungen bis zu einer Milliarde Dollar gekostet. Manche Experten hielten die Entfernung sämtlichen Asbests sogar für unmöglich und schlugen eine komplette Sprengung der Gebäude vor. All diese Schwierigkeiten fochten Silverstein nicht an. Er leaste die Gebäude für 99 Jahre, versicherte sie für 3,55 Milliarden Dollar gegen Terror und zahlte mit Partnern 124 Millionen Dollar an.

Nach den Anschlägen verklagte er die Versicherungen, darunter die Schweizer Rück, auf zweimal 3,55 Milliarden Dollar, weil es sich um zwei getrennte Ereignisse gehandelt habe. Letztendlich wurden Silverstein 4,6 Milliarden Dollar zugesprochen, eine Vervierzigfachung seines Einsatzes innerhalb von sechs Wochen. Ähnliches Glück hatte Silverstein am Morgen des 11. September 2001. Eigentlich hielt er sich jeden Morgen in seinem Büro im 88. Stock des Nordturms auf, wie das New York Magazine am 18. April 2005 berichtet. Nur an diesem Morgen hatte er einen Termin beim Dermatologen. Sein Sohn und seine Tochter und übrigens mit Jim Pierce auch ein Cousin von George W. Bush, der am Tag zuvor seine Pläne änderte, hielten sich ebenfalls zufällig nicht im Gebäude auf.

Gute Verbindungen sind hilfreich. Der Chef der New Yorker Hafenbehörde, Lewis Eisenberg, höchstpersönlich handelte die Modalitäten mit Silverstein aus. Eisenberg musste wegen eines Sex-Skandals in den Achtzigerjahren seine Partnerschaft bei Goldman Sachs zurückgeben. Silversteins Partner bei dem Deal war Frank Lowys australische Immobilienfirma Westfield America. Lowy, Silverstein und Eisenberg sind gute Bekannte des größten Medienunternehmers der Welt, Rupert Murdoch. Murdoch würdigte seine Freundschaft zu Frank Lowy unter anderem auf einem Fund Raising Dinner der American Australian Association am 20. November 2002 in New York. Silverstein war auch zugegen.

Alle vier sind gemeinsam in diversen gemeinnützigen Organisationen tätig. Silverstein[21] war zum Beispiel der Vorsitzende der United Jewish Appeal Organisation. Eisenberg war dort laut dem Geschäftsauskünfte-Portal zoominfo im Planungs-Ausschuss[22].

Seltsam: Das höchste Gebot für die Türme hatte eigentlich Vornado Realty Trust abgegeben. Der Firma wurde laut Toronto Star vom 23. Februar 2001 am 15. Februar 2001 der Zuschlag erteilt. Dann schaltete sich Eisenberg in die Verhandlungen ein, Vornado zog sein Gebot zurück und am 24.Juli 2001 bekamen Silverstein und Lowy den Zuschlag. Eisenberg wiederum hat engste Verbindungen zur Bush-Familie. Er war als Finance Chairman of the Republican National Committee einer der obersten Spendeneintreiber der Republikaner.

Unter Eisenbergs Ägide als Chef der Hafenbehörde bekam die Firma Securacom (später umbenannt in Stratesec) den Auftrag für die elektronische Sicherheit des Word Trade Centers. Beim Börsengang der Firma 1997 zählte der

Börsenprospekt auch den Washington Dulles International Airport zu seinen Kunden, von wo Flug 77 am 11. September gestartet war. Bis Anfang 2001 war Marvin Bush, der jüngste Bruder von George W. Bush, Direktor der Firma. Vorstandsvorsitzender der Firma war am 11. September 2001 Wirt D. Walker III., ein Cousin von George W. Bush. Das „W" in Bushs Namen steht übrigens für Walker.

Inzwischen hat es Eisenberg zum Senior Advisor bei Kohlberg Kravis Roberts & Co gebracht. Das Private Equity Unternehmen KKR ist die Mutter aller Heuschrecken. Die Freundschaft von Henry Kravis und der Bush-Familie ist legendär. KKR ist im Übrigen eine der am meisten vertretenen Firmen auf den berüchtigten Bilderberger-Konferenzen. Auf der Konferenz in St. Moritz 2011 gab sich mal wieder Henry Kravis selbst die Ehre. Eisenberg wiederum arbeitete einst für New Yorks Gouverneur George Pataki, seines Zeichens ebenfalls Bilderberger.

Die Anwaltskanzlei von Silversteins Immobilienfirma ist Stroock, Stroock & Lavan[23], die zufällig auch Eisenbergs ehemalige Firma Goldman Sachs vertritt. Ein ehemaliger Anwalt der Kanzlei war Alvin Hellerstein, persönlicher Freund des jetzigen Partners Joel Cohen. Das ist exakt der New Yorker Richter, der bis heute jede Anklage seitens der Opferfamilien gegen US-Behörden und andere westliche Organisationen abweist, bevor es überhaupt zur Beweisaufnahme kommt. Im Jahre 2016 sagte Hellerstein der New York Times[24], dass er keinerlei Bedauern darüber empfinde, dass keine der Opferklagen gegen die Regierung durchkam. Sie bekamen Millionenabfindungen dafür, stillzuhalten.

6. August 2001: Bush erhält Warnung vor Terroranschlag durch Osama bin Laden

Wie unter anderem ABC am 16. Mai 2002 berichtete, erhielt George W. Bush am 6. August sehr detaillierte Warnungen über einen geplanten Terroranschlag durch Osama bin Laden. Das Memo wurde inzwischen freigegeben, kann bei Wikipedia eingesehen werden und hat den Titel: „Bin Laden determined to strike in U.S.", auf Deutsch: „Bin Laden ist entschlossen in den USA zuzuschlagen."

Wichtiger Hinweis: All diese Vorwarnungen scheinen die These zu bestätigen, dass tatsächlich islamistische Attentäter für den 11. September verantwortlich waren, aber US-Behörden absichtlich oder aus Inkompetenz die Warnungen in den Wind geschlagen haben. Sie nähren die sogenannte „Let-It-Happen-on-Purpose-These", die wohl inzwischen auch in der breiteren Bevölkerung Anklang gefunden hat. Das ist die Theorie, nach der die US-Regierung zwar Bescheid wusste, aber es geschehen ließ, um eigene Vorteile aus dem „neuen Pearl Harbor" zu ziehen.

Diese Theorie können wir aber vollkommen ausschließen, weil arabische Attentäter keine Möglichkeit hatten, die drei WTC-Gebäude zu verminen und die Luftabwehr der USA auszuschalten. Trotzdem kann das Ignorieren der Warnungen leicht erklärt werden. Da die eigentlichen Drahtzieher Sündenböcke brauchten, ließen sie natürlich Terroristengruppen eben solche Pläne ausarbeiten. Man konnte diese aber dann nicht verhaften, weil man ihnen sonst die Tat nicht in die Schuhe hätte schieben können.

August 2001: Ashcroft stuft die Gefahr von Terrorismus auf die niedrigste Prioritätsstufe

25. August 2001: Raytheon landet erfolgreich ferngesteuertes Flugzeug

Wie Der Spiegel am 28. Oktober 2001 berichtet, landete Raytheon im August 2001 eine Boeing 727 per Fernsteuerung. Ziel der Übung: Entführte Flugzeuge sollen so von außen gesteuert werden können. Allerdings ist es so auch möglich, Flugzeuge zu entführen ohne an Bord sein zu müssen, beispielsweise über den Transponder, der am 11. September aus allen Flugzeugen keine Signale mehr lieferte, was nicht heißt, dass er keine empfangen konnte.

September 2001: Britische Truppen werden ein Jahr zuvor nach Afghanistan verlegt

BBC News[25] vermeldet bereits am 7. November 2000 die für September 2001 geplante Verlegung von britischen Truppen nach Oman in die Nähe von Afghanistan im Rahmen der größten überseeischen Truppenübung aller Zeiten. 25.000 Soldaten sollten laut damaligem Stand an der Aktion „Swift Sword" beteiligt werden. Tatsächlich wird aus der Übung blutiger Ernst und die Truppen werden im Krieg gegen Afghanistan eingesetzt.

4. September 2001: BCCI-Vertuscher Robert Mueller wird Chef des FBI

Am 4. September 2001 wird ausgerechnet Robert Mueller zum Chef des FBI ernannt. Mueller ist umstritten: Unter anderem Senator John Kerry wirft ihm vor dem US-Kongress vor, in seiner Zeit beim Justizministerium die Untersuchungen zum Skandal der Bank of Credit and Commerce International (BCCI) vertuscht und verzögert zu haben. CNN listet am 5. September 2001 eine weitere Reihe von „Fehlleistungen" auf, die sich Mueller zu Schulden kommen gelassen habe. Verdächtig seien unter anderem seine Untersuchungen zum Bombenanschlag auf die Olympischen Spiele 1996 in Atlanta, zum Spionage-Fall um den chinesisch-amerikanischen Nuklear-Physiker Wen Ho Lee in Los Alamos und zur Oklahoma City-Bombe gewesen.

(Zur Erinnerung: 1995 fand in Oklahoma City ein Bombenanschlag auf das Alfred-P.-Murrah-Regierungsgebäude statt.)

Oklahoma war bis zum 11. September der verheerendste Anschlag auf amerikanischem Boden und forderte 168 Todesopfer. Die offizielle Geschichte ist dabei mindestens so löchrig wie die des 11. September. Ähnlich wie an 9/11, sind die Schäden am Gebäude nicht mit der offiziellen Tatwaffe, einer einfachen Autobombe, in Einklang zu bringen. Ähnlich wie an 9/11, spielten die Behörden, allen voran das FBI, von Anfang an in dem Plot eine tragende Rolle. Folgen Sie hier für einen schnellen Überblick den Recherchen des Filmemachers

Chris Emery in dem Film „A Noble Lie". Heute versucht derselbe Robert Mueller, Präsident Trump nachzuweisen, er hätte sich mit Russland verschworen, um die Wahlen zu beeinflussen, wofür er nach über einem Jahr immer noch keinen einzigen Beweis vorlegen konnte.

5. September 2001: FBI schließt 500 muslimische Webseiten

Am 10. September 2001 vermeldet der Guardian, dass sechs Tage zuvor 80 Mann einer Antiterror-Spezialeinheit die Geschäftsräume der Internetfirma Infocom in Texas stürmten. An der Aktion waren Beamten des FBI, des Secret Service, Steuerfahnder, Einwanderungspolizei und Computerspezialisten beteiligt – das ganz große Besteck also. Das Seltsame: Die Firma hostete hauptsächlich muslimische Webseiten wie die des Senders Al Jazeera und vieler muslimischer Organisationen. Infocom ist auch der Besitzer der Endung „iq", dem Landescode für den Irak. Resultat: Exakt zum 11. September waren mehr als 500 arabisch-muslimische Webseiten nicht am Netz.

6. September 2001: Eine große Anzahl an Put-Optionen auf United Airlines werden gehandelt

Wie unter anderem der San Francisco Chronicle am 29. September 2001 berichtet, wurden im Vorfeld der Anschläge eine ungewöhnlich hohe Anzahl an Verkaufsoptionen auf die betroffenen Fluglinien wie United Airlines sowie Flugzeughersteller und Rückversicherer gehandelt. Diese sogenannten „Put-Optionen" gewinnen an Wert, wenn die zugrundeliegende Aktie fällt. Auf Boeing zum Beispiel wurden laut Chicago Tribune vom 19.September 2001 fünfmal so viele Puts gehandelt wie üblich. Dazu muss man wissen: Die Wertpapierbehörde SEC kann jede Transaktion zurückverfolgen auf denjenigen, der sie abgeschlossen hat. Doch nie, weder in den Mainstream-Medien noch im Untersuchungsbericht, wurden jemals die Namen der handelnden Personen genannt.

Auffällig: Die verdächtigen Transaktionen bezüglich United Airlines wurden über die Deutsche Bank Alex. Brown, einer Tochter der Deutschen Bank, abgewickelt. Vorstandsvorsitzender dieser Tochter war bis 1998 Alvin Krongard, der wiederum am 11. September 2001 zufällig Direktor (Executive Director) der CIA war. Krongard war laut Spiegel vom 22. August 2009 nach den Anschlägen als damalige Nummer drei der CIA dafür zuständig, mit der inzwischen umbenannten Söldner-firma Blackwater Killerteams zusammenzustellen, um Menschen, die „terrorverdächtig" waren, ohne Gerichtsverfahren umzubringen. Später arbeitete Krongard direkt für Blackwater.

6. September 2001: Bombenspürhunde werden vom WTC abgezogen

Laut der Zeitung Newsday vom 12. September 2001 wurden am Donnerstag vor den Anschlägen die Bombenspürhunde „abrupt abgezogen". Laut Daria Cord vom Sicherheitspersonal in Turm Eins herrschte die zwei Wochen zuvor erhöhter Sicherheitsalarm. „Heute (11. September) war der erste Tag ohne Extra-Security", sagte sie Newsday. Der Bericht enthält zwei interessante Informationen: Erstens den Abzug der Bombenspürhunde fünf Tage vor den Anschlägen und zweitens den zuvor erhöhten Sicherheitsalarm.

Das deckt sich mit den Aussagen des Finanzanalysten Ben Fountain, der ebenfalls am 12. September 2001 dem People Magazine berichtete, dass das Gebäude in den Wochen zuvor mehrfach evakuiert wurde. In dieser Zeit (und während zahlreicher Bauarbeiten, von denen andere Zeugen berichten) könnte das Gebäude präpariert und ab fünf Tage vor dem Anschlag diejenigen Sprengsätze angebracht worden sein, die von den Hunden innerhalb des Gebäudes erschnüffelt worden wären.

7. September 2001: Floridas Gouverneur Jeb Bush erlässt Notfallverordnung

Vier Tage vor den Anschlägen erlässt Jeb Bush, Bruder von George W. Bush und Gouverneur von Florida, die Executive Order 01-261 (Durchführungsverordnung, beim Präsidenten wird auch von Verfügung des Präsidenten gesprochen), mit Hilfe derer er die Nationalgarde aktivierte. Zwar ist es nicht so, wie einige Webseiten kolportierten, dass Bush damit das Kriegsrecht (Martial Law) ausrief, aber das Timing dieser Maßnahme verwundert. In dem Befehl steht, dass die Nationalgarde für eine Reihe von Notfallübungen aktiviert wird.

Am 11. September selbst rief Jeb Bush direkt nach dem Fall des zweiten Turms durch Executive Order 01-262 tatsächlich den Notstand aus, der wichtige Grundrechte außer Kraft setzt und die Befehlsgewalt an das Justizministerium überträgt. Seltsam nur: In Florida gab es gar keine Anschläge. Doch die meisten Attentäter wohnten hier und George W. Bush selbst weilte dort in den Tagen vor und am 11. September. Sollten hier alle Fäden im Justizministerium zusammenlaufen, um die Dinge steuern zu können?

Florida war im Übrigen auch der Staat, durch den George W. Bush mit wenigen hundert Stimmen die 2001er Wahl gewonnen hat. Sein Bruder Jeb Bush hatte im Vorfeld fast 60.000 Anhänger der Demokraten mit dubiosen Begründungen von den Wählerlisten streichen lassen. Laut Wahlbeobachtern hätte Bush bei korrekter Auszählung der Stimmen aber trotzdem verloren.

7. September 2001: Französischer Geheimdienst warnt CIA-Beamten

Die französische Zeitung Le Figaro berichtet am 31.Oktober 2001, dass der französische Geheimdienst vier Tage vor den Anschlägen „sehr spezifische Informationen" über geplante Terroranschläge auf amerikanischem Boden an die CIA weitergab.

8. September 2001: Seeluftfahrtseinheit zieht aus dem Pentagon um

Eine Einheit der Seeluftfahrt (Marine Aviaton) zieht aus dem Teil des Pentagon-Gebäudes weg, das am 11. September getroffen wird. Die Einheit zieht in das 200 Yards entfernte Butler Building, das verschont bleibt, meldet die Militärzeitschrift Leatherneck.

8. September 2001: Westlich von New York findet eine Übung statt, bei der ein Flugzeug in die Luft gejagt wird

Drei Tage vor dem 11. September fand am Buffalo Niagara International Airport westlich von New York eine Übung statt, bei der Terroristen eine Passagiermaschine mit 82 Passagieren in die Luft jagen. Einige der Rettungsarbeiter werden auch am 11. September in New York eingesetzt.

Am 12. Februar 2009 stürzt dann tatsächlich ein Flugzeug beim Landeanflug an diesem Flughafen ab. Unter den Toten: Beverly Eckert[26], deren Ehemann bei den Terroranschlägen vom 11. September 2001 im World Trade Center getötet worden war, die stellvertretende Vorsitzende des 9/11 Family Steering Committees und eine der führenden Personen der Vereinigung Voices of September 11th.

9. September 2001: Luftabwehr startet die Übung „Nothern Vigilance"

Wie der Toronto Star am 12. September 2001 berichtet,

startete die nordamerikanische Luftabwehr NORAD die Übung „Northern Vigilance" („Nördliche Wachsamkeit"). Die Übung simuliert einen Luftangriff Russlands und hat zur Folge, dass zahlreiche Kampfflugzeuge nach Nordkanada und Alaska abkommandiert werden. Die Übungen halten bis zum 11. September an und stiften an jenem Tag noch einige Verwirrung.

9. bis 10. September 2001: Attentäter vergnügen sich mit Alkohol und Prostituierten

Wie verschiedene Zeitungen, u.a. USA Today (14. September 2001), der Sunday Herald (16. September 2001), oder der Boston Globe (10 Oktober 2001) berichteten, verhielten sich die Attentäter in den Tagen vor dem Ereignis äußerst seltsam. Zum einen vergnügten sie sich mit Alkohol und Prostituierten. Islamistische Attentäter, die bereit sind, für ihren Glauben ihr Leben zu opfern, würden wohl kaum einen Tag vor der Himmelsfahrt noch sämtliche Sünden begehen, die ihnen den Eingang ins Paradies vermiesen würden. Die zweite Merkwürdigkeit ist, dass sich die Attentäter offenbar absichtlich so auffällig verhielten. Einem Strip-Club Manager sollen sie gesagt haben: „Wartet bis morgen und Amerika wird ein Blutvergießen erleben". Offenbar sollte hier die Legende der irren Attentäter etabliert werden.

Bei dem Bemühen sich auffällig zu verhalten, war ihnen entweder der Widerspruch zur islamischen Lebensweise egal, oder aber – wahrscheinlicher – die Sündenböcke kannten den eigentlichen Plan nicht. Sie hatten nur den Auftrag sich auffällig zu verhalten, beispielsweise weil ihnen gesagt wurde, man wolle nur einmal testen, ob das auffallen würde. Die Auftraggeber hatten aber keine exakte Kontrolle über die späteren Sündenböcke und wussten so auch nicht, dass man sich nebenbei auch noch Alkohol und Prostituierte leisten würde. Ohnehin würden solche Details – wie auch tatsächlich geschehen – in der allgemeinen Propaganda untergehen.

Der Mainstream-Journalist Daniel Hopsicker hat die Spuren der Attentäter in Florida für sein Buch „Welcome to Terrorland" genau verfolgt und zahlreiche Widersprüche aufgedeckt. Seine Hauptthese: Die Attentäter wurden von der CIA ausgebildet und trainiert. Hopsicker stellt das Ganze so dar, als ob die CIA Al-Kaida infiltrieren wollte und das nur leider schief ging. Er verneint, dass die Zwillingstürme gesprengt wurden, ignoriert also die Naturgesetze. Seine allgemeine Glaubwürdigkeit ist daher gering, aber die vielen, nicht zur offiziellen Version passenden Details aus dem Leben der Attentäter und den geheimdienstlichen Hintergrund der ominösen Flugschulen zeigt er gut auf.

10. September 2001: Pentagon-Beamte sagen Reisepläne wegen Sicherheitsbedenken ab

In einem längeren Newsweek-Artikel mit dem Titel „Bush: We are at war" vom 24. September 2001 versteckt sich der Hinweis, dass eine Gruppe von Pentagon-Beamten einen Tag vor dem 11. September ihre Reisepläne aufgrund von Sicherheitsbedenken absagten. Am 13. September berichtete Newsweek bereits davon, dass es eine erhöhte

Alarmbereitschaft gegeben habe und dass die Tatsache, dass die Passagiere der Flüge nicht gewarnt wurden, noch ein heißes Thema werden würde. Aber außer der kurzen Bemerkung im Artikel vom 24. September griff kein anderes Mainstream-Medium die Story auf.

10. September 2001: Rumsfeld verkündet das Verschwinden von 2,3 Billionen Dollar

Einen Tag vor den Attentaten verkündet Verteidigungsminister Rumsfeld, dass 2,3 Billionen Dollar[27] (das sind 2.300 Milliarden Dollar) im Haushalt des Pentagon verschwunden seien. Sie wüssten, dass das Geld weg sei, aber nicht wohin es geflossen sei. Normalerweise hätte dieses Thema wochenlang die Schlagzeilen beherrscht, aber nach den Attentaten verschwand es wieder völlig aus den Medien. Das Timing für dieses Eingeständnis hätte also besser nicht sein können.

Auffällig auch: Zu den wenigen Personen, die beim Anschlag auf das Pentagon umkamen, gehörten 34 von 65 Angestellten des Resource Office der Armee im Pentagon, wie die Pittsburgh Post-Gazette am 20. Dezember 2001 schreibt. Die meisten der Getöteten seien Wirtschaftsprüfer, Buchhalter und Budget-Analysten gewesen, also genau jene Personen, die potenziell Auskunft über den Verbleib der 2,3 Billionen hätten geben können.

10. September 2001: Bin Laden-Jäger John O´Neill beginnt als Sicherheitschef im WTC

John O´Neill hatte wichtige Positionen beim FBI inne. Er war Vizedirekor des FBI und untersuchte die Bombenanschläge auf das World Trade Center 1993, eine US-Basis in Saudi Arabien 1996, die US-Botschaften in Nairobi und Dar-Es-Salaam 1998 und den Anschlag auf das Zerstörerschiff USS Cole im Jahr 2000. Er war so frustriert darüber, dass alle seine Versuche, Osama bin Laden zu verfolgen, sabotiert wurden, dass er zwei Wochen vor dem 11. September beim FBI kündigte und am 10. September als Sicherheitschef des Word Trade Center anfing. Seit dem 11. September ist O´Neill spurlos verschwunden.

Der ganze Fall bleibt rätselhaft. In dem Buch „Forbidden Truth" schildern die Geheimdienstexperten Jean-Charles Brisard und Guillaume Dasquie die Ergebnisse von O´Neills Recherchen und seinen vergeblichen Kampf gegen seine Vorgesetzten. Die Journalisten hatten schon vor dem 11. September intensiven Kontakt zu O´Neill. Wie es aber sein konnte, dass O´Neill ausgerechnet beim Word Trade Center anheuerte, können auch sie nicht erklären. Wusste O´Neill von den konkreten Plänen?

Da wir sicher sagen können, dass die Türme gezielt zum Einsturz gebracht wurden, ergibt es keinen Sinn einem offensichtlich nicht mehr dem FBI ergebenen Ex-Agenten die Sicherheit anzuvertrauen. Er würde dabei sicher nicht mitspielen. Eine mögliche Variante wäre: Er hat die

Verantwortlichen so lange genervt, bis man ihm den Posten einen Tag vor dem Attentat übertrug. Die Vorbereitungen waren da schon abgeschlossen und er konnte am 11. September ohne großen Aufwand entsorgt werden. Die Legende des FBI lautet, er hätte im Gebäude versucht Menschen zu retten. Wenn er aber den Plot kannte, hätte er auch wissen müssen, dass die Gebäude gesprengt werden würden.

Zu den vielen Merkwürdigkeiten gehört auch, dass O´Neill am 11. September um acht Uhr mit Howard Rubenstein, dem langjährigen PR-Manager von Larry Silverstein verabredet war. O´Neill wollte mit Rubenstein Antiterror-Maßnahmen besprechen, behauptet Rubenstein in einem Interview mit dem Journalisten Charlie Rose[28]. Rubenstein sagte den Termin einen Tag vorher ab – wegen eines angeblichen Treffens mit seinen Angestellten. Zwei Fragen stellen sich sofort: Was hat der PR-Manager von Silverstein mit Antiterror-Maßnahmen zu tun? Und warum wusste Rubenstein bis einen Tag zuvor nicht, dass er ein Treffen mit seinen Angestellten haben würde? Nur ein ordentliches Gerichtsverfahren könnte diese ganzen Merkwürdigkeiten möglicherweise aufklären.

10. September 2001: San Franciscos Bürgermeister erhält Warnung

Acht Stunden vor den Anschlägen erhält der Bürgermeister von San Francisco, Willie Brown, eine Warnung, dass das Reisen mit dem Flugzeug für Amerikaner nicht sicher sei. Der San Francisco Chronicle schreibt am 12. September

2001, dass die Warnung von seinen „Sicherheitsleuten am Flughafen" gekommen sei, er der Warnung aber keine große Bedeutung beimaß, bis er die Bilder des Anschlags im Fernsehen sah.

10. September 2001: Rettungshelfer gibt zu, bereits einen Tag zuvor angefordert worden zu sein

Der Rettungshelfer Tom Kenney sagt in einem TV-Interview mit CBS am 13. September 2001 wörtlich: „Um ehrlich zu sein, wir kamen am Montagabend an und begannen unsere Arbeit Dienstag (11. September) früh". Dazu passt, dass das New York City Office for Emergency (OEM) für den 12. September 2001 eine Übung namens „Tripod" am Pier 92 in New York angesetzt hatte. Laut dem offiziellem 9/11-Untersuchungsbericht verlegte Bürgermeister Rudolph Giuliani das Kommandozentrum nach Pier 92, weil dort „hunderte Personen von der FEMA (Bundesbehörde für Notfälle), der Bundesregierung, dem Bundesstaat (New York), und dem State Emergency Management Office" zum Zwecke der Übung eines biochemischen Angriffs anwesend waren. Heute ist Giuliani der Anwalt von Präsident Trump.

10. September 2001: Bush werden Pläne für den Afghanistan-Krieg vorgelegt

Laut CBS News vom 5. August 2002 sollten Präsident Bush heute die Pläne für einen Afghanistan-Krieg vorgelegt werden, die spätestens seit Juli 2001 ausgearbeitet wurden.

11. SEPTEMBER 2001: DER TAG DES GRÖSSTEN TERRORANSCHLAGS IN DER GESCHICHTE DER MENSCHHEIT

Hinweis: Die Zeiten und Namen sind dem offiziellen Untersuchungsbericht und später freigegebenen Dokumenten entnommen. Für die Rekonstruktion der Ereignisse stütze ich mich hauptsächlich auf die von Vanity Fair[29] veröffentlichten Bänder. Paul Schreyer hat diese und mehr auch schon in seinem Buch „Inside 9/11" analysiert. Sind dort verschiedene Zeiten genannt oder weichen sie von anderen Darstellungen ab, wird das erwähnt, falls es wichtig erscheint. Begriffserklärung: FAA = Federal Aviation Association (zivile Luftfahrtbehörde), NEADS = North Eastern Air Defense Sector des Militärs beziehungsweise des US-Luftverteidigungsverbundes NORAD (North American Aerospace Defense Command). Das für den östlichen Luftraum der USA zuständige NEADS-Hauptquartier befindet sich in Rome im Bundesstaat New York.

☉ 5 Uhr 43

Mohammed Atta und Abdulaziz al-Omari checken am Schalter von US Airways in Portland ein. Atta wird für durch das Sicherheitssystem CAPPS für einen zusätzlichen Sicherheitscheck ausgesucht. Die einzige Konsequenz ist, dass sein Gepäck zurückgehalten wird, bis er das Flugzeug besteigt. Später wird behauptet, Attas Gepäck sei aus Versehen nicht mit verladen worden und in seinem Koffer hätte sich sein Testament befunden. Abgesehen von der geringen Wahrscheinlichkeit, dass so etwas passiert, ist es natürlich absurd, sein Testament auf eine Selbstmordmission mitzunehmen, bei der man in Gebäude fliegt – offensichtlich eine dilettantisch gelegte falsche Spur.

Ähnlich grotesk ist der angebliche Fund des Passes von Satam al-Suqami, der den Crash von Flug 11 in den Nordturm unbeschadet überlebt haben soll, während sich das ganze Gebäude in Luft aufgelöst hat. Fast genauso dämlich: In einem Auto am Bostoner Logan Airport wurde ein Koran und arabische Fluganleitungen gefunden. Klar doch, die Entführer mussten nochmal nachsehen, wo der Schaltknüppel ist und haben in der Aufregung ihren Koran vergessen, wie zuvor schon im Strip-Club, wo sie vermutlich nochmal nachgelesen haben, wie man Prostituierte nach islamischer Sitte flachlegt. Wenn sich ein Drehbuchautor so dilettantisch gelegte falsche Spuren ausdenkt, wird er gefeuert. Aber die Öffentlichkeit hat's gefressen, insofern war es gar nicht so doof.

Einschub: Die offizielle Version besagt, die Entführer hätten Teppichmesser bei sich gehabt. Der einzige Zeuge für diese Behauptung ist Ted Olson, der mit seiner Frau Barbara Olson auf Flug 77 telefoniert haben will. Ted Olson ist der Anwalt von George W. Bush. Er vertrat schon Ronald Reagan in der Iran-Contra-Affäre und später George W. Bush in den Auseinandersetzungen um die Wahl gegen Al Gore. Der einzige Zeuge für die Tatwaffe im Verbrechen des Jahrtausends ist also der Anwalt des Präsidenten! Die Wahrscheinlichkeit für so ein Ereignis geht gegen null. Zu den Widersprüchen in Olsons Aussage lesen Sie David Ray Griffin, unter anderem auf globalresearch.ca[30].

Da dies die offizielle Version ist, muss man sich fragen, wie 19 arabisch aussehende Typen anstandslos mit Teppichmessern durch alle Kontrollen kommen konnten. Seit 1998 hat die Flugbehörde FAA ein Sicherheitssystem namens CAPPS (Computer Assisted Passenger Prescreening System) installiert, das nach verschiedenen Kriterien Passagiere für zusätzliche Sicherheitschecks selektiert. Abgesehen von der Herkunft und den Pässen buchten Atta & Co First Class Hinflüge ohne Rückflug, was in so einem System alle Alarmglocken schrillen lässt. Tatsächlich wurden laut offiziellem Untersuchungsbericht der 9/11-Kommission 9 der 19 Attentäter von CAPPS für einen zusätzlichen Sicherheitscheck gekennzeichnet. Ist es tatsächlich denkbar, dass neun als verdächtig gekennzeichnete Araber es schaffen, Teppichmesser in die Flugzeuge zu schmuggeln?

Ebenfalls seltsam: Atta und sein Kollege wählten einen Flug, der ihnen nur wenige Minuten zum Umsteigen nach Boston ließ. Der knappe Zeitplan veranlasste Michael Tuohey, den Sicherheitsbeamten, laut Portland Press Herald vom 6. März 2005 zu sagen: „Sie sind ganz schön knapp dran". Am wichtigsten Vorhaben seines Lebens so einen knappen Flug zu nehmen, ist vollkommen unrealistisch. Viel wahrscheinlicher ist es, dass der Tag für Atta & Co einer von vielen Übungsflügen war, weshalb sie sich auch kurz zuvor in Bars betrinken konnten, weil ihre Fitness für solche Flüge irrelevant war. Sie wurden einfach von ihren Auftraggebern immer mal wieder quer durchs Land geschickt, um das Verhalten von Attentätern zu simulieren. Teppichmesser brauchten sie dafür natürlich auch nicht, weshalb solche auch nicht entdeckt wurden.

⊘ 6 Uhr 20 bis 7 Uhr 48

Alle Entführer checken laut Untersuchungsbericht in die Flüge 11, 175, 77 und 93 ein. Auf den veröffentlichten Passagierlisten tauchen sie allerdings nicht auf, einige melden sich später putzlebendig, bleiben aber auf der Täterliste des FBI. Inzwischen wird dies mit Namensverwechslungen erklärt. Aber immerhin behauptete der Vater von Mohammed Atta[31], ein wohlhabender Anwalt, er hätte einen Tag nach den Terroranschlägen mit seinem Sohn telefoniert. Er wäre aus Angst vor den US-Geheimdiensten untergetaucht. Normalerweise äußern sich Verwandte nicht so, sondern darüber, ob man dem Verwandten so eine Tat zutrauen würde.

⏱ 6 Uhr 30

Die Notfallübungen „Vigilant Guardian" oder auch „Northern Vigilance", die unter anderem die Entführung von Flugzeugen durch Selbstmordattentäter und das Steuern in Wolkenkratzer beinhaltet, beginnt.

Einschub: Notfallübungen

Laut einem Bericht des Kabelsenders C-Span vom 11. Februar 2005 bestätigte Donald Rumsfeld gegenüber der Kongressabgeordneten Cynthia McKinney bei einer Anhörung zum Verteidigungsbudget, dass es am 11. September mindestens vier Kriegsspiele gab. Von dreien weiß man die Namen: Vigilant Warrior, Vigilant Guardian und Northern Vigilance. Manche von ihnen hatten exakt dieselben Ziele, die auch tatsächlich getroffen wurden. Laut einem Sprecher der Luftabwehr NORAD, Major Don Arias, gegenüber Investigativ-Journalisten Michael Ruppert (Crossing the Rubicon, S. 345) bedeutet die Bezeichnung Warrior, dass mit echten Flugzeugen geübt wurde - möglicherweise mit jenen, die später tatsächlich in die Anschläge verwickelt waren?

Eine gerichtliche Untersuchung könnte leicht klären, welche Flugzeuge benutzt wurden. Zudem wurde mit sogenannten „Inserts" gearbeitet. Das heißt, es wurden falsche Signale von Flugzeugen, die es gar nicht gab, ins echte Radarsystem eingespeist. Allein dieser Umstand erklärt viele Ungereimtheiten. Da bis heute nicht alle Dokumente freigegeben wurden, wissen wir ohne gerichtliche Untersuchung nicht, was die beteiligten Personen wirklich auf ihren Bildschirmen gesehen haben. Die Übungen sind entscheidend für das Verständnis der Ereignisse. Folgende logische Überlegungen sollten Sie dabei immer im Hinterkopf behalten:

1. Wie konnten islamistische Attentäter von den Übungen wissen?

2. Übungen werden normalerweise strikt getrennt von Ereignissen in der realen Welt. Das weiß jeder Militärexperte und etwas anderes wäre viel zu gefährlich. Wie wir sehen werden, wurde diese eiserne Regel offensichtlich ausgerechnet am 11. September nicht befolgt.

3. Selbst wenn die Attentäter von den Übungen wussten, konnten sie nicht damit rechnen, dass ihnen das helfen könnte. Nur wer gezielt die Übungen zur Verwirrung einsetzte, konnte sie auch nutzen.

4. Vor dem Hintergrund der These, dass Regierungsbehörden selbst hinter den Anschlägen stecken, ergeben die Übungen allerdings durchaus Sinn:

   a) Die Übungen können als Ausrede für das Versagen der Sicherheitsvorkehrungen herhalten.

b) Die Sicherheitskräfte in der realen Welt können mit den Übungen verwirrt werden (was, wie wir sehen werden, auch geschah)

c) Mitarbeiter, die an den tatsächlichen Anschlägen beteiligt sind und erwischt werden, können sagen, sie wären Teil der Übung.

d) Indem Menschen gesagt wird, sie nähmen nur an einer Übung teil, können sie dazu gebracht werden mitzumachen, obwohl sie selber gar kein Verbrechen begehen wollen.

5. Die Übungen im Vorfeld könnten auch dazu gedient haben, die Schwachpunkte in der Verteidigung offenzulegen und offensichtlich hat man den größten Schwachpunkt dann genutzt.

Nach den Ereignissen wird manchen jedoch bewusst, woran sie mitgewirkt haben. Dabei lautet oft das Argument: So viele Mitwisser, da würde doch jemand plaudern. Zum einen ist es nicht sonderlich wahrscheinlich, dass jemand redet, der gerade miterlebt hat, wie die eigene Regierung 3.000 Menschen umgebracht hat, während die Medien dabei voll mitspielen. Und möglicherweise wollten ein paar Beteiligte auspacken, anders sind die zahlreichen mysteriösen Todesfälle[32] von Menschen, die mehr wussten, kaum zu erklären.

Was aber von vielen übersehen wird, ist folgende Tatsache: Bei dem Ereignis starben knapp 3.000 Leute. Es ist also ein Leichtes, an diesem Tag unliebsame Zeugen zu entsorgen, wie beispielsweise John O´Neill, andere FBI-Agenten mit Insiderwissen, den Architekten De Martini (der erklärte, dass das WTC für Flugzeugeinschläge ausgelegt war), die Attentäter selbst oder wer auch immer beteiligt war.

Beispielsweise befanden sich an Bord der Maschinen überdurchschnittlich viele Raytheon-Mitarbeiter. Raytheon stellt Fernsteuerungen für Flugzeuge her, (siehe 25. August 2001). Mindestens fünf Raytheon Mitarbeiter (Waldie, Homer, Hall, Gay, Kovalcin) befanden sich auf den Flügen, dazu Charles Falkenberg, Forschungsleiter bei ECOlogic, einer Firma, die die Software für das Fernsteuerungssystem Global Hawk herstellt. Die Firma Raytheon ist gemessen am Bevölkerungsanteil also weit überrepräsentiert.

Eine These, die unter anderem Christian C. Walther in dem Buch „Der zensierte Tag" vertritt, ist, dass die Flugzeuge gelandet und andere Flugkörper in die Ziele gelenkt wurden. Auch die eigentlichen Passagierflugzeuge könnten ab einem bestimmten Punkt ferngesteuert worden sein. Walther belegt dies anhand der Flugrouten und der Transponder-Daten. Große, unbewegliche Boeings sind schwer in solche Ziele zu fliegen, weshalb es sicherer gewesen sein könnte, die Passagierflugzeuge vorher zu landen und die Ziele auf andere Weise zu attackieren.

Vom Pentagon-Einschlag existieren beispielsweise keine

Filmaufnahmen einer Boeing, obwohl es sich um eines der am besten bewachten Gebäude der Welt handelt. Das FBI beschlagnahmte 86 Videos und veröffentlichte nur eines, auf dem aber keine Boeing zu sehen ist. Vor diesem Hintergrund erscheint es durchaus logisch, dass bei der vermeintlichen Übung Raytheon Mitarbeiter an Bord waren, die dann gleich zusammen mit den Attentätern und anderen Mitwissern entsorgt werden konnten.

Das Muster mit den Übungen wiederholt sich im zweitgrößten westlichen Terroranschlag in London am 7. Juli 2005 mit über 50 Toten. Verblüfft berichten Medien wie ITV News noch am selben Tag, dass eine Übung mit Terroranschlägen an exakt den gleichen Orten stattfand, an denen später auch die Bomben hochgingen. Wer so etwas mit Zufall erklärt, hat ein großes Problem mit der Wahrscheinlichkeitsrechnung. Ebenso fanden zeitnah mit dem verheerenden Anschlag von Norwegen am 22. Juli 2011 Übungen mit Sprengsätzen statt. Seitdem gab es noch eine Reihe weiterer angeblicher Anschläge, bei denen gleichzeitig Übungen stattfanden.

⊘ 6 Uhr 47

Laut dem Bericht der US-Behörde NIST, die den Zusammenbruch des WTC untersucht, wird um 6 Uhr 47 das Feueralarmsystem in World Trade Center 7 für acht Stunden auf Test-Modus umgeschaltet, so dass die Feueralarme von der Sicherheitszentrale ignoriert werden. Der Bericht enthüllt außerdem, dass im Gegensatz zur sonstigen Praxis die Türen zu den Dächern der Zwillingstürme verschlossen sind.

⏲ 8 Uhr

Laut Telegraph vom 16.12.2001 erhält George Bush ein Briefing, in dem von einem erhöhten Terror-Risiko die Rede ist.

⏲ 8 Uhr 13

Der Funkkontakt zu Flug Nummer 11, der in Boston um 7 Uhr 59 gestartet war, bricht ab. Der Fluglotse versucht die nächsten Minuten den Piloten zu erreichen.

Einschub: Versagen der Flugabwehr

Von Regierungsbehörden werden verschiedenste Versionen präsentiert, warum die Flugabwehr an diesem Morgen versagt hat. Alle laufen letztlich auf Inkompetenz hinaus. Dazu muss man wissen, dass das Abfangen von Flugzeugen, die vom Kurs abweichen, reine Routine ist und etwa hundertmal im Jahr vorkommt. Da es höchstgefährlich ist, wenn Flieger von ihrem Weg abweichen, weil sie dann auf andere Flugzeuge treffen könnten, werden solche Abfangmanöver seit Jahrzehnten geübt. Beispielsweise wurden von September 2000 bis zum Juni 2001 67 Jets zu einem Alarmstart (englisch: to scramble jets) veranlasst, wie Associated Press am 12. August 2002 berichtet.

Ein Artikel im Calgary Herald vom 13.Oktober 2001 von Linda Slobodian erklärt, wie die Flugabwehr des Nordamerikanischen Sektors, NORAD, funktioniert. Sie geht dabei darauf ein, wie das Prozedere vor dem 11. September war. Abfangjäger mussten innerhalb von 15 Minuten startbereit und innerhalb von acht Minuten in der Luft (airborne) sein. 20 solcher Jäger waren immer startbereit. Zweimal pro Woche wurden laut dem Bericht vor dem 11. September Abfangjäger zu einem Alarmstart veranlasst. Reine Routine also.

Zwar herrscht eine Kontroverse darüber, inwiefern die Regeln vor dem 11. September wirklich ausgereicht hätten, um solche Situationen zu handhaben, aber dabei sollte Folgendes bedacht werden: Nachdem klar war, dass der erste Flieger entführt wurde, vergingen immerhin eineinhalb Stunden bis der letzte Flieger um 9 Uhr 37 angeblich ins Pentagon flog.

Anzunehmen, dass die Luftabwehr der USA entführte Flugzeuge so lange nicht findet, obwohl Milliarden Menschen auf der Welt im TV vom Einschlag in den ersten Turm um 8 Uhr 46 erfuhren und dem Einschlag um 9 Uhr 03 sogar live zusahen, ist trotz aller Erklärungsversuche, die sie im Folgenden lesen werden, im besten Fall naiv.

Es würde bedeuten, dass die größte, teuerste und technisch am besten ausgerüstete Militärmacht, die es je auf Erden gab, durch ein paar saufende, koksende und hurende, mit Teppichmessern bewaffnete, muslimische Hobby-Cessna-Piloten außer Gefecht gesetzt werden kann.

⊙ **8 Uhr 14**

Die 9/11 Kommission geht davon aus, dass Flug 11 um 8 Uhr 14 entführt wurde. Die Regularien der FAA besagen aber, dass die Türen zum Cockpit von innen verschlossen sein müssen. Theoretisch könnten die Entführer damit gedroht haben, Personal oder Passagiere zu erstechen. In diesem Fall hätte der Pilot eine vierstellige Nummer in den Transponder tippen müssen, was nur Sekunden dauert. Anschließend hätte er den Anweisungen der Entführer Folge leisten können. Kein einziger der vier Piloten tippte diesen Code ein.

⊙ **8 Uhr 19**

Die Flugbegleiterin Betty Ong ruft vom Bordtelefon in Flug 11 American Airlines an und berichtet ganz ruhig über eine Entführung. Sie spricht dabei fälschlicherweise zunächst von Flug 12. Ihr Anruf ist auf YouTube[33] abrufbar.

⊙ **8 Uhr 21**

Um 8 Uhr 21 wird der Transponder abgeschaltet. Ab diesem Zeitpunkt betrachten der zuständige Manager der Flugsicherung, Glenn Michael, und seine Mitarbeiter das Flugzeug als entführt. Das Flugzentrum ist ab jetzt im Panik-Modus, denn Flug 11 befindet sich in einem der am meisten beflogenen Flugabschnitte der Welt. Die Gefahr, dass das Flugzeug mit anderen kollidiert, ist groß.
Einige Medien werden später behaupten, dass durch das

Ausschalten des Transponders das Flugzeug nicht mehr verfolgbar war. Das Gegenteil ist aber laut Aussagen des zuständigen Fluglotsen Peter Zalewski der Fall. Sobald der Transponder ausgeschaltet wird, markiert der Computer das entsprechende Radarsignal automatisch, so dass es von den anderen Signalen deutlich unterscheidbar ist, es sei denn die Computerdaten werden manipuliert, was den islamistischen Attentätern wohl kaum möglich war.

☼ 8 Uhr 22

Die Flugbegleiterin Amy Sweeney ruft American Airlines Manager Michael Woodward an, der wiederum parallel die Leiterin aller Stewardessen am Logan Airport informiert. Dieser Anruf wird aufgezeichnet, aber nie veröffentlicht. Der New York Observer berichtet aber am 20. Juni von Zeugen, die die Bänder abhörten. Sie berichten, wie das Management von American Airlines im Hauptquartier in Fort Worth, Texas versuchen, die Sache zu vertuschen. Opferangehörige, denen die Bänder vorgespielt werden, hören: „Erzähl das nicht rum. Behalt es unter Verschluss." Ein ehemaliger Angestellter von American Airlines hört die Worte: „Gib das nicht weiter. Lass es uns hier behalten. Das bleibt unter uns fünf."

Amy Sweeney spricht ganz ruhig weiter bis das Flugzeug angeblich in das World Trade Center stürzt. Laut Woodward spricht Sweeney wie Ong zunächst von Flug 12. Äußerst seltsam, wenn zwei Personen unabhängig voneinander denselben Fehler machen. Beide teilen noch zwei weitere Irrtümer: Sie nennen die gleiche falsche Sitzreihe für die

Attentäter und sprechen von vier statt fünf Entführern. Beide sprechen ganz ruhig und bei Betty Ong sind keinerlei Hintergrundgeräusche zu hören.

Es ist fraglich, ob Flug 11 und Flug 77 je existiert haben. In den Logbüchern des Bureau of Transportations Statistics (BTS) steht kurz nach den Anschlägen: „No record exists." Später werden die Logbücher korrigiert, aber die Flugzeugnummer (tail number, wörtlich Rumpfnummer, eine Art Fahrgestellnummer) fehlt und als Abflugzeit wird 0 Uhr 00 angegeben. Ausführlich diskutiert hier: „Evidence that Flights AA 11 and AA 77
Did Not Exist on September 11, 2001"[34].

Die Maschinen von Flug 175 und 93 wurden noch vier Jahre lang als flugfähig geführt, bis Journalisten nachfragten. Angeblich besaß laut FAA-Archiv ein Teil der Piloten am 11. September 2001 nicht mal eine gültige Fluglizenz für Verkehrsflugzeuge. Alle angeblich entführen Flugzeuge waren mit knapp 70 Passagieren ungewöhnlich dünn besetzt. Um die Passagierlisten ranken sich viele Ungereimtheiten, die hier aus Zeitgründen nicht erörtert werden. Fazit: Da es sehr viele Merkwürdigkeiten bei einer eigentlich banalen Sache gibt, kann nicht ausgeschlossen werden, dass die später veröffentlichten Passagierlisten gefälscht wurden.

☉ 8 Uhr 24

Fluglotsen in Boston hören über Funk folgende Worte der mutmaßlichen Entführer: „Wir haben mehrere Flugzeuge.

Verhalten Sie sich ruhig und sie werden OK sein. Wir kehren zum Flughafen zurück".

🕐 8 Uhr 25

Die Fluglotsen im Kontrollzentrum in Boston beginnen die Kommandokette zu informieren, darunter das New England Regionalzentrum der FAA und das Kommandozentrum der FAA in Herndon, Virginia. Ab hier beginnt die Sache aus dem Ruder zu laufen. Die 9/11 Kommission kommt später zu dem Schluss, dass die Kommandokette hier korrekt eingehalten wurde.

Tatsächlich ist es Aufgabe der Fluglotsen, alle anderen betroffenen Leitstellen zu informieren. Was aber dabei verschwiegen wird, ist, dass zuerst, zumindest aber gleichzeitig die militärische Flugabwehr NORAD beziehungsweise NEADS (der nordöstliche Luftverteidigungsabschnitt) zu informieren ist.

So wird sogar im offiziellen Untersuchungsbericht vom 17. April 2004 beispielsweise Ben Sliney, der National Operations Manager, so zitiert: „Das Protokoll galt, dass das Zentrum, das die Entführung meldet, auch das Militär informiert. (...) Ich erinnere mich, dass, seit ich meine Karriere 1964 begann, immer demselben Protokoll gefolgt wurde." Das ist nur eine von vielen Bestätigungen, dass so vorgegangen wird, aber diese Bestätigung ist eigentlich nicht nötig, denn der gesunde Menschenverstand sagt jedem neutralen Beobachter, dass bei einer Flugzeugentführung selbstverständlich sofort die Flugabwehr zu informieren ist.

Wäre die Standardprozedur eingehalten worden, hätte, sofort als klar war, dass es sich um eine Entführung handelt, also um 8 Uhr 21 beziehungsweise mit „Schreckminute" um 8 Uhr 22 die Flugabwehr informiert werden müssen. Nach einer weiteren „Schreckminute" hätten einer der 18 Abfangjäger – zwei immer in Alarmbereitschaft – im nahen Otis nordöstlich von New York zu einem Alarmstart (scramble jets) veranlasst werden müssen. Sie wären spätestens nach 15 Minuten in der Luft gewesen und hätten sieben weitere Minuten später beim entführten Flugzeug sein müssen.

Ob das gereicht hätte, um den nach offizieller Lesart in den Nordturm des WTC gestürzten Flieger abzufangen, ist fraglich, aber hier nicht wichtig. Entscheidend ist, dass das Militär erst um 8 Uhr 38 informiert wurde und die Jäger tatsächlich innerhalb von 14 Minuten, also um 8 Uhr 52 aufstiegen. Unter normalen Umständen und ohne „Schreckminuten" wären bei Einhaltung der Standardprozedur die zwei Piloten sogar um 8 Uhr 32 in der Luft gewesen. Bis zum Einsturz der Maschine ins WTC wären 15 Minuten verblieben um die Boeing abzufangen – das Doppelte dessen, was die Jets bei Maximalgeschwindigkeit benötigt hätten.

Die entscheidende Frage: Woher kam diese Verzögerung? Im Laufe der Jahre wurden dafür verschiedene, sich widersprechende Erklärungen angeboten. Um herauszufinden, was tatsächlich geschah, bitte ich Sie an dieser Stelle die Seiten zu wechseln. Gehen wir als Arbeitshypothese davon aus, dass Kräfte innerhalb der Behörden die Anschläge inszeniert haben. Die These ist bereits an dieser Stelle valide, da wir ja bereits wissen, dass die Türme, insbesondere WTC 7, nach den Naturgesetzen gesprengt worden sein müssen.

Unter dieser Hypothese müssen wir nach Verantwortlichen suchen, die die Reaktion des Militärs absichtlich verzögert haben könnten. Und tatsächlich ist es dem deutschen Journalisten Paul Schreyer, gelungen, aus den amtlichen Dokumenten einen Hauptverdächtigen herauszufiltern. Merken Sie sich die Namen Major Kevin Nasypany und Colonel Robert Marr. Zum Schluss werde ich Ihnen eine mögliche Lösung präsentieren, gegen die jeder Hollywoodfilm verblasst.

◷ 8 Uhr 28

Obwohl der Untersuchungsbericht der 9/11-Kommission klar sagt, dass das Militär erst um 8 Uhr 38 informiert wurde, existiert ein offizielles Protokoll der FAA[35], laut dem der Bostoner Flugmanager Daniel Bueno bereits um 8 Uhr 28 direkt die Otis Air Force Base angerufen hat, um zu veranlassen, dass Abfangjäger aufsteigen. Offensichtlich kam es ihm komisch vor, dass sich nichts tat.

Er schaute extra im Handbuch nach und fand heraus, dass er als FAA-Mitarbeiter auch direkt Hilfe anfordern konnte. Ihm wurde aber beschieden, er solle den Dienstweg einhalten. Trotzdem war Otis dadurch informiert und die Piloten gingen bereits auf Gefechtsstation (Battle Station). Daher saßen sie bereits in voller Montur in den Fliegern als um 8 Uhr 46 endlich der Startbefehl kam. Ebenfalls merkwürdig: Obwohl es später hieß, das Militär konnte den Flieger nicht finden, hat der Lotse in Otis kein Problem, ihn sofort zu finden, hier ist der Dialog:

Otis: „Was war das? Eine Bedrohung sagten Sie?"
Bueno: „Eine Bedrohung und jetzt ist das uh Flugzeug westlich von Albany und dreht nach Süden."
Otis: „Ok, ich sehe ihn."

Später mokierte sich das Militärpersonal noch über Bueno, dass er den Dienstweg nicht eingehalten habe, statt ihm einen Orden wegen heldenhaften Handelns umzuhängen.

⏱ 8 Uhr 37

Fluglotsen bitten ausgerechnet Flug 175, der Minuten später selbst entführt wird, nach Flug 11 Ausschau zu halten.

⏱ 8 Uhr 38

Nach der letzten offiziellen Version informiert der Fluglotse Joseph Cooper vom Boston Air Traffic Center um 8 Uhr 37 und 54 Sekunden Jeremy Powell, einen technischen Sergeant von NORAD, über den entführten Flug 11. Das ist 24 Minuten nachdem der Radiokontakt verloren ging und 16 Minuten nachdem der Transponder ausgeschaltet wurde, also spätestens der Anruf hätte erfolgen müssen.

Cooper: „Hi, Boston Center TMU (traffic management unit), wir haben ein Problem hier. Wir haben ein entführtes Flugzeug, das nach New York steuert und wir brauchen euch Leute. Wir brauchen jemanden, der eine F-16 oder so etwas hochschickt, helft uns aus!"

Powell: „Ist das echt oder eine Übung?" („Ist this real world or exercise?").

Cooper: „Nein, das ist keine Übung, kein Test."

Laut Michael Bronner, der für Vanity Fair die NORAD-Bänder abhörte, wird die Frage nach der Übung andauernd gestellt. Im offiziellen Untersuchungsbericht wird die Übung „Vigilant Guardian", um die es sich in diesem Fall offensichtlich handelte (es gab ja mindestens vier Übungen), aber nur versteckt in einer Fußnote auf S. 458 erwähnt. In der Fußnote heißt es, die Übung hätte die Reaktion von NORAD in keinster Weise beeinträchtigt. Das ist grotesk.

So schreibt Michael Bronner (der im Übrigen die offizielle Version vertritt und den Film „Flug 93" mit produziert hat): „Die Frage ‚Ist das echt oder Übung?' ist beinahe wörtlich immer und immer wieder auf den Bändern zu hören... Fast jeder im Raum nahm zuerst an, dass der Anruf vom Simulationsteam kam, das Inputs – simulierte Vorfälle – in die Übung einspeiste".

Warum der Untersuchungsbericht die Übung verschweigt oder als nebensächlich abspeist, liegt auf der Hand: Die Regierung müsste erstens erklären, warum ausgerechnet an diesem Tag solche Übungen stattfanden und zweitens warum die Übungen nicht – wie üblich – strikt vom realen Geschehen getrennt wurden. Verantwortlicher für die Übungen: Colonel Robert Marr. Ebenfalls an der Konzeption der Übungen – aber wohl mit weniger Insiderwissen – beteiligt war Kevin Nasypany, der später erzählte, was er dachte: „Da hat wohl jemand was vorverlegt. Die Entführung sollte doch erst in einer Stunde sein."

Die fünf Minuten, in denen sich die wahren Attentäter verraten

Wenn man das Rätsel um die wahren Attentäter lösen will, muss man sich auf die folgenden Minuten konzentrieren. Denn jetzt passieren so viele Dinge gleichzeitig, dass Zufall als Erklärung nahezu ausgeschlossen werden kann.

☉ 8 Uhr 42

Um 8 Uhr 42 wird laut Untersuchungsbericht Flug 175 entführt. Um 8 Uhr 41 und 32 Sekunden brach die Kommunikation mit der New York Air Traffic Control ab. Um 8 Uhr 42 startet auch Flug 93 in Newark, der später in Shanksville abgestürzt sein soll.

☉ 8 Uhr 43

Um 8 Uhr 43 wird NORAD nach eigenen Aussagen über die Entführung von Flug 175 informiert! Das ist bemerkenswert, beweist es doch, wie die normale Prozedur aussieht und dass eine schnelle Reaktion durchaus möglich war.

◷ Kurz nach 8 Uhr 42

Am 13. September berichtet Nashua Telegraph, Associated Press und United Press International, dass laut Aussagen eines Fluglotsen kurz nach 8 Uhr 42 Flug 11 und Flug 175 beinahe kollidiert wären.

◷ 8 Uhr 44

Donald Rumsfeld spricht im Pentagon über Terrorismus und sagt laut Fayettville Observer vom 16. September 2001: „Lassen Sie mich eines sagen, ich bin schon eine Weile im Geschäft. Es wird ein weiteres Ereignis geben. Es wird ein weiteres Ereignis geben". „Weiteres" bezieht sich auf die Terroranschläge, über die er vorher sprach. Den letzten Satz wiederholte er, um ihn zu betonen.

◷ 8 Uhr 46

Jetzt endlich befiehlt NORAD den Abfangjägern in Otis aufzusteigen. Die Verzögerung wird damit erklärt, dass Colonel Robert Marr erst bei seinem Vorgesetzten General Arnold hätte nachfragen müssen und dieser nicht erreichbar war. In der offiziellen Chronik des Militärs ist aber nachzulesen, dass Marr sehr wohl die Befugnis hatte. Die Aussagen von Colin Scoggins, dem Verbindungsbeamten im Boston Center, bestätigen das. Er war höchst verwundert über die lahme Reaktion von Marr. Scoggins informierte NEADS laufend über die Position von Flug 11. Er konnte sich selbst nicht an die Uhrzeit erinnern, aber aus den Bändern können die Zeiten gut rekonstruiert werden.

Scoggins gab bei seinem ersten Anruf an, die Maschine befände sich 20 Meilen südlich von Albany. Das war aber bereits um 8 Uhr 31. Scoggins sagte außerdem aus, sein Kollege Joseph Cooper hätte bereits vorher NEADS informiert, also spätestens um 8 Uhr 30, eher früher, also so wie es Vorschrift ist. Hätte Marr sofort reagiert, hätten die Abfangjäger vermutlich das erste Flugzeug, auf jeden Fall aber das zweite, das erst um 9 Uhr 03 im WTC einschlug, erreicht.

⏲ 8 Uhr 46

Der erste Flugkörper schlägt in den Nordturm des WTC ein. Larry Di Rita informiert kurz darauf Donald Rumsfeld, der aber nichts unternimmt. Obwohl er der zuständige Minister ist, wird er den ganzen Tag untätig bleiben.

Zwischen 8 Uhr 42 und 8 Uhr 46 passieren weitere merkwürdige Dinge.

⏲ 8 Uhr 47

Flug 175 ändert den Transpondercode. „Unglücklicherweise" ist derselbe Fluglotse zuständig wie für Flug 11, was für zusätzliche Verwirrung sorgt. Der Lotse bemerkt den Signalwechsel erst vier Minuten später. Miles Kara, einer der offiziellen Rechercheure für den 9/11-Report bemerkte 2009 erstaunt: „Wir wissen, dass innerhalb weniger Sekunden zwei Dinge passierten, Flug 11 hörte auf zu existieren und Flug 175 änderte seine Identität. Geplant oder nicht, war dies eine bemerkenswerte taktische Leistung".

Tja, nur konnten die Entführer von Flug 175 nicht wissen, dass soeben Flug 11 ins WTC gekracht ist. Es ist schließlich unmöglich vorauszuberechnen, wie lange die Übernahme der Maschine und die Änderung des Kurses dauert. Gleichzeitig befand sich Flug 175 auf derselben Position im Luftraum westlich von New York wie Flug 93.

☉ 8 Uhr 50

Die FAA richtet eine Telefonbrücke zwischen allen notwendigen Behörden, darunter das Verteidigungsministerium und die Geheimdienste, ein. Spätestens ab jetzt sollte jeder informiert sein, abgesehen davon, dass die ganze Welt im TV sieht, was los ist.

☉ 8 Uhr 51

Flug 77 wird entführt. Der Kapitän ist Charles Burlingame, ein Ex-Navy Pilot der Elite-Schule Top-Gun und ein Baum von einem Mann. Seine Schwester sagte über ihn: „Dieser Kerl ging durch SERE (Survival Evasion Resistance Escape, ein hartes Überlebens- und Kampftraining der Navy) und hatte eine sehr starke physische und psychische Ausstattung". Schwer zu glauben, dass er sich von Teppichmessern beeindrucken ließ, aber unmöglich wäre es nicht. Und wieder so ein Zufall: Bevor er Verkehrspilot wurde, arbeitete er laut

Washington Post vom 15. September 2001 an Anti-Terror-Strategien im Pentagon, just dort wo er hineingeflogen sein soll.

Flug 175 weicht von seiner normalen Flughöhe ab.

David Copperfield führt Regie Zauberer benutzen einen ganz einfachen Trick, um ihr Publikum zu täuschen: Ablenkung. Genau dieses Mittel wurde auch am 11. September angewandt. Folgendes passierte an diesem Tag alles gleichzeitig:

8 Uhr 14: Flug 11 wird entführt, Flug 175 hebt ab.

8 Uhr 38/42: Flug 77 weicht vom Kurs ab. Flug 175 wird entführt, Flug 93 startet und NORAD wird kurz darauf über die Entführung von Flug 11 informiert. Flug 11 und Flug 175 treffen sich fast in der Luft.

8 Uhr 46/47: Flug 11 stürzt ins WTC, Flug 175 und 93 treffen sich.

8 Uhr 51: Flug 77 wird entführt bzw. hat letzten Funkkontakt, Flug 175 weicht von der Flughöhe ab.

Wie der Blogger Frank Levi ausgezeichnet beschreibt, (Die Webseite existiert nicht mehr. Unter „9/11 Radar Holes Frank Levi" findet man den Artikel aber noch.) müssen die Attentäter die Löcher im Radarsystem gekannt haben. Der Luftraum der USA ist nicht überall gleich gut abgedeckt. Anmerkung: Es gibt andere Beobachter, die die Radarlöcher bezweifeln. Für mein Szenario, das ich am Schluss entwerfe,

ist das nicht wichtig. Folgende Fakten sind aber interessant, falls es die Radarlöcher so gab:
Innerhalb des Luftraums, wo die Entführungen stattfinden, gibt es zwei Radarlöcher, die sich bis nach Kanada erstrecken.

Flug 11 schaltet den Transponder ab, als es sich am Rande eines Radarlochs befindet

Flug 77 schaltet den Transponder ab, als es sich am Rande eines Radarlochs befindet.

Flug 93 schaltet den Transponder ab, als es sich am Rande eines Radarlochs befindet.

Flug 175 schaltet den Transponder ab, als es sich bei Flug 93 und ebenfalls im Radarloch befindet.

Zweimal treffen sich - unabhängig von den Radarlöchern - jeweils eine noch nicht entführte Maschine mit einer entführten: Flug 11 (entführt) trifft Flug 175 (noch nicht oder gerade eben entführt) und Flug 175 (entführt) trifft Flug 93 als er noch nicht entführt ist. Die Chance für solche Ereignisse, zumal jeweils ein Flugzeug nach offizieller Lesart noch gar nicht unter voller Kontrolle der Entführer stand, ist praktisch null. Hinzu kommt: Die Flugzeuge fliegen ganz seltsame Schleifen, die sie zunächst vom eigentlichen Ziel wegführen. Flug 93 zum Beispiel, in New York gestartet, hätte auf direktem Wege in wenigen Minuten ins WTC fliegen können. Entweder sie mussten sich erst an den Rand der Radarlöcher begeben, oder es gab einen anderen Grund für die Umwege.

Den Planern dieser Ereignisse müsste man für diese erstaunliche Präzision ein Kompliment aussprechen. Es gibt allerdings eine Erklärung, die das ganze als nicht mehr ganz so schwer erscheinen lässt: Es handelte sich schlicht um die für diesen Morgen geplanten und vorprogrammierten Kriegsspiele, bei denen einfach die entsprechenden Radarsignale in das System eingespeist wurden. Alles was verhindert werden musste, ist, dass echte Jäger aufsteigen und die ganze Sache auffliegen lassen. Genau dafür sorgte Colonel Robert Marr, der zufällig auch die Kriegsspiele vorbereitete. Am auffälligsten sind die Vertuschungsversuche bei Flug 77. Er wurde erst um 8 Uhr 51 entführt, als längst alle Welt im Fernsehen sah, dass Amerika attackiert wird und trotzdem stiegen die Abfangjäger erst um 9 Uhr 30 auf. Frank Levi und der deutsche Journalist Christian C. Walther vertreten die These, dass die eigentlichen Flugzeuge gelandet wurden und im Radarloch durch Drohnen ersetzt wurden. Es gibt allerdings noch eine weitere These, die am unglaublichsten klingt, aber alle Widersprüche aufklären würde. Dazu später mehr.

◷ 8 Uhr 53 bis 9 Uhr 05

Die Otis-Abfangjäger rasen nach New York, einer davon, Timothy Duffy erreicht Überschallgeschwindigkeit. Er wird später der BBC sagen: „Ich weiß nicht, wie wir schneller hätten sein können." Bei rechtzeitigem Start hätten sie das zweite Flugzeug auf jeden Fall erreicht. In diesem Fall flogen die Abfangjäger aber vor New York in einer militärischen Flugzone über Long Island, 150 Kilometer vom WTC entfernt, sogar noch eine Warteschleife, weil es angeblich zu gefährlich erschien, New York zu nahe zu kommen – eine absurde Begründung angesichts der Terrorgefahr. Die Piloten handelten auf Befehl und waren selbst verärgert über ihre erzwungene Untätigkeit.

⏲ 8 Uhr 56

Das Transpondersignal von Flug 77 verschwindet. Wegen der schwachen Radarabdeckung in diesem Gebiet ist das Flugzeug gar nicht mehr auf dem Radarschirm zu sehen.

⏲ 9 Uhr 03

Flug 175 kracht in den Südturm des WTC. Donald Rumsfeld wird informiert, bleibt aber in seinem Büro, statt ins Lagezentrum zu gehen. Zeugen, darunter Polizisten, berichten, sie hätten gesehen, wie vom Woolworth-Gebäude eine Rakete auf das WTC abgefeuert wurde. Die meisten Berichte darüber sind aus den Zeitungsarchiven verschwunden, beziehungsweise die Links sind tot. Aber im Statement von Alan Reiss von der Hafenbehörde gegenüber der 911-Kommission ist der Hinweis noch zu finden, obwohl Reiss kurz darauf sagt, die Zeugen hätten sich wohl geirrt. Dem widersprechen aber die Aussagen der anderen Zeugen. Sie finden die toten Links wenn Sie „Missile Woolworth Building 911" googeln. Hier das Reiss Statement: „Testimony of Alan Reiss Before the National Commission on Terrorist Attacks Upon The United States"[36].

◷ 9 Uhr 05

Flug 77 taucht an ganz anderer Stelle wieder auf dem Radar auf. Es müsste eine sehr schnelle 180 Grad Kurve geflogen haben. Später wird behauptet, Fluglotse John Thomas hätte die Kursänderung nicht bemerkt, aber in Wirklichkeit leitete er laut einer Fußnote auf S. 460 im 9/11-Report andere Maschinen so um, dass sie nicht mit Flug 77 kollidieren konnten. Ausgerechnet seine komplette Aussage fehlt im Bericht.

◷ 9 Uhr 06

Präsident Bush wird in der Booker Elementary School vom Einschlag des zweiten Flugzeuges informiert. Statt sofort evakuiert zu werden, liest er den Kindern seelenruhig weiter aus einem Buch vor.

◷ 9 Uhr 09

Kevin Nasypany will nach dem zweiten Einschlag die Otis-Jäger näher an New York heran bringen. Stattdessen entfernen sich die Jäger von New York. Warum kann nicht geklärt werden, weil ausgerechnet diese Bänder fehlen. Es existiert lediglich eine einzige Aufzeichnung eines Notruf-Kanals. Dort wird um 9 Uhr 10 eine Anordnung der FAA aufgezeichnet: „Bleiben Sie auf der gegenwärtigen Position, bis die FAA Unterstützung anfordert".

Der offizielle 9/11-Rechercheur Miles Kara fasst 2010

zusammen: „Es gibt keine Primärquellen, die beschreiben, wie und warum die Otis Jäger eine Patrouille über New York flogen". Erst um 9 Uhr 25 also nach 33 Minuten statt maximal 10 Minuten erreichen die Jäger New York. Das Militär verstrickt sich in mehrere Widersprüche, als es sich Jahre später rechtfertigt.

Nasypany schlägt außerdem vor, Abfangjäger von Langley zur Sicherheit über Washington aufsteigen zu lassen. Robert Marr verneint dies nach Rücksprache mit General Arnold mit der kruden Begründung, dass man vermeiden wolle, dass ihnen der Sprit ausgehen könnte. Eine zweite Begründung lautet, man wolle nicht die Abfangjäger von Langley und Otis am selben Ort haben. Genau das schlug Nasypany aber nicht vor. Er wollte die Langley Jäger in Washington haben und nicht in New York. Dort hätten sie dann ganz locker den Angriff auf das Pentagon um 9 Uhr 37 verhindern können.

Ab diesem Zeitpunkt gehen Dutzende von Meldungen von entführten Flugzeugen ein. Ausgerechnet Robert Marr spricht später von 29 Entführungsmeldungen. Da wir heute wissen, dass es so viele Entführungen gar nicht gab, dürfte ein Großteil der Meldungen von den Übungen stammen, die zumindest zum Teil von exakt jenem Robert Marr konzipiert wurden.
Bei den Gesprächen zwischen Nasypany und Marr hört man nur Nasypany. Die Gespräche von General Arnold mit Marr und anderen sind bis heute ebenso unter Verschluss wie die von Dick Cheney, der sowohl mit Arnold als auch mit Marr gesprochen haben könnte. Unter der Annahme, dass

Marr auf der operativen Ebene die ganze Aktion durchzog, macht es natürlich sehr viel Sinn, diese Gespräche geheim zu halten.

⏱ 9 Uhr 10

Obwohl Dick Cheney später etwas anderes behauptet und das Protokoll des Weißen Hauses kurz vor zehn Uhr ausweist, verlässt er jetzt sein Büro und begibt sich in den Bunker unter dem Weißen Haus. Ein Zeuge ist beispielsweise der Hoffotograf David Bohrer, Konterterrorismus-Zsar General Wesley Clark, aber auch andere Angestellte, wie die New York Times am 16. September berichtet. Verkehrsminister Norman Minetta sieht ihn bereits im Bunker als er zwanzig Minuten nach neun dort ankommt, seine Aussage wird aus dem offiziellen Untersuchungsbericht gestrichen, ist aber noch auf YouTube zu sehen. Gleichzeitig wird eine sichere Telefonleitung für Cheney etabliert, deren Bänder bis heute unter Verschluss sind.

⏱ 9 Uhr 16

CNN berichtet am 19. September 2001, dass jetzt NORAD über die Entführung von Flug 93, der in Shanksville abgestürzt sein soll, informiert wurde. Vor der 9/11-Kommission (Bericht vom 23. Mai 2003) sagen Offizielle dasselbe aus. Laut offizieller Darstellung ist Flug 93 aber erst um 9 Uhr 28 entführt worden.

Gleichzeitig wurde NORAD nach ihren eigenen ersten Berichten (Zeitleiste vom 16. September 2001) über die

Entführung von Flug 77 informiert. Später wird die Zeit auf 9 Uhr 24 und noch später auf 9 Uhr 34 korrigiert – ohne plausible Angabe von Gründen. Viel wahrscheinlicher ist jedoch, dass die erste Zeitleiste richtig war, nur nicht zur offiziellen Version passte. Die Langley-Jäger wären dann nämlich immer noch rechtzeitig über Washington gewesen, als Flug 77 um 9 Uhr 37 angeblich ins Pentagon krachte.

Interessante Links dazu:

- „Wo waren die Abfangjäger am 11. September?"[37]
- „Probten US-Regierung und Militär den Ernstfall?"[38]
- „Shhh! No one NEADS to know!"[39]

☉ 9 Uhr 24

Nach der bis 2003 gültigen Version wird NORAD jetzt über die Entführung von Flug 77 informiert. Etwas später ergeht der Befehl an die Langley-Jäger aufzusteigen, was sich aber um weitere Minuten verzögert. Kurz vor (!) 9 Uhr 24 erhält der für die Koordinierung der Jäger-Staffel zuständige Offizier Craig Borgstrom einen seltsamen Anruf eines unbekannten NEADS-Offiziers, möglicherweise Robert Marr. Er wurde gefragt, ob es auch möglich wäre, drei Jäger aufsteigen zu lassen. Borgstrom bot sich selbst als Pilot an und bekam die Anweisung, ebenfalls zu starten. Das hatte zur Folge, dass er später nicht mehr als Koordinator zur Verfügung stand.

Ebenfalls seltsam ist, dass nach offizieller Darstellung der Befehl kam, bevor die Entführung von Flug 77 und die von Flug 93 (9 Uhr 34) gemeldet wurde. Der unbekannte Anrufer war offensichtlich besser informiert als der Rest. Osama bin Laden wird es kaum gewesen sein. Wenn der Anruf tatsächlich von NEADS kam, muss er von Colonel Marrs Gefechtsstand (Battle Cab) gekommen sein. Der ist räumlich von Nasypanys Operations-Floor getrennt. Die dort stattgefundenen Gespräche sind auf Tonbändern dokumentiert, während sich der Gefechtsstab, akustisch durch Glasscheiben getrennt, oberhalb des Operations-Floor befindet. Von dort gibt es keinerlei Aufzeichnungen.

⏲ 9 Uhr 26

Verkehrsminister Norman Mineta hört ab 9 Uhr 26 im Emergency Operations Center, einem Bunker unter dem Weißen Haus, folgenden Dialog zwischen einem unbekannten jungen Mann und Dick Cheney.

Der junge Mann hält Cheney über die Position eines herannahenden Flugzeuges auf dem Laufenden und zählt herunter: „Das Flugzeug ist 50 Meilen entfernt. Das Flugzeug ist 30 Meilen entfernt. Das Flugzeug ist 10 Meilen entfernt. Stehen die Befehle noch? (Do the orders still stand?)". Darauf Cheney: „Natürlich. Haben Sie etwas Gegenteiliges gehört?" Mineta nimmt damals an, es handelt sich um Befehle, den Flug (77) abzuschießen. In der Wahrheitsbewegung denkt die Mehrheit, es handelte sich um eine sogenannte „stand down order", also den Befehl für die Abfangjäger, am Boden zu bleiben. Tatsächlich ergibt die Frage des jungen Mannes dann mehr Sinn.

Warum sollte ein junger Mann den Befehl des Vizepräsidenten anzuweifeln, wenn es sich um den logischen Abschuss einer Maschine handelt, die auf Washington zurast, eine Dreiviertelstunde nachdem das WTC getroffen wurde? Viel wahrscheinlicher ist, dass der junge Mann seinen ganzen Mut zusammen nahm, weil es sich um den völlig unlogischen - und nebenbei auch den jungen Mann selbst gefährdenden - Befehl handelte, am Boden zu bleiben. Und in der Tat wissen wir ja, dass die Abfangjäger viel länger als nötig am Boden blieben.

Diese Geschichte liefert uns aber noch einen wichtigen Baustein: dass tatsächlich Dick Cheney, dessen Gesprächsprotokolle bis heute nicht veröffentlicht wurden und der behauptet, zu dem Zeitpunkt nicht mal da gewesen zu sein, der Mann war, der an dem Tag die Befehlsgewalt hatte. Verdächtig ist auch, dass die Aussage eines immerhin amtierenden Ministers einfach aus dem Untersuchungsbericht gestrichen wurde. Bei YouTube ist sie aber noch abrufbar[40].

Im Übrigen widerspricht die Zeugenaussage auch der Behauptung, NORAD hätte erst um 9 Uhr 24 von der Entführung von Flug 77 erfahren. Der Befehl, von dem der junge Mann spricht, muss ja vor seinem Dialog mit Cheney gegeben worden sein. Und um Flug 93 konnte es sich nach offizieller Darstellung auch nicht handeln.

⏱ 9 Uhr 28

Nach Angaben der 9/11-Kommission wird jetzt Flug 93 entführt.

⏱ 9 Uhr 30

Endlich heben drei Abfangjäger in Langley ab, aber auch dies erst mit Verzögerung. Die FAA behauptet der Luftraum wäre zu voll. Pilot Dean Eckmann blafft darauf ins Mikrofon: „Wir sind mitten in einem Alarmstart, wir müssen starten!" und bekommt endlich die Freigabe. Da Washington nur 130 Meilen entfernt ist, wären die F-16 in weniger als zehn Minuten immer noch rechtzeitig am Pentagon gewesen, tatsächlich kommen sie aber erst um 9 Uhr 58 an, weil sie zuerst raus auf den Atlantik geschickt wurden.

Als Sergeant Jeremy Powell, der Weapon Controller von Kevin Nasypany kurz nach 9 Uhr 30 in Langley anrief, um genaue Instruktionen durchzugeben, war er fassungslos zu erfahren, dass Borgstrom mit aufgestiegen war. Er fragte: „Drei? Ich hatte nur zwei Jets angefordert!"

⏱ 9 Uhr 34

Nach der letzten gültigen Version wird NORAD erst jetzt von der Entführung von Flug 77 informiert. Warum dann die Abfangjäger früher aufstiegen, wird inzwischen mit einem Fehlalarm erklärt. Die Erklärungen werden immer dümmer und widersprechen alle den offiziellen Zeitleisten kurz nach den Ereignissen, offensichtlich weil über die Jahre immer mehr Widersprüche auftauchten, die im Nachhinein vertuscht werden müssen.

Natürlich ist es immer möglich, dass man erst später den wahren Hergang der Ereignisse herausfindet. Aber es ist ein Unterschied, ob jemand nach den Ereignissen sagt: Ich glaube es war so und so, weil er sich nicht genau erinnert oder ob es definitive Zeugenaussagen, Protokolle und Zeitleisten sind, die später korrigiert werden, während die Tonbänder, die das beweisen könnten, verschwinden.

⏱ 9 Uhr 36

Nach Aussagen mehrerer Militärs, darunter General Arnold und Colonel Marr, erfährt das Militär jetzt von der Entführung von Flug 93. Beide behaupten, deshalb die Jäger hochgeschickt zu haben, die aber nachweislich früher gestartet sind. Die 9/11 Kommission umgeht das Problem einfach, indem sie behauptet, NORAD hätte erst um zehn Uhr, also nach dem „Crash" der Maschine in Shanksville, von der Entführung erfahren.

⏱ 9 Uhr 37

Flug 77 soll ins Pentagon gekracht sein. Aber das Loch ist viel zu klein für eine Boeing, die Fensterscheiben sind intakt, dort wo die Flügel hätten sein müssen, mindestens ein Motor hätte Spuren auf dem Rasen hinterlassen müssen, keinerlei Bilder von einer Boeing existieren, obwohl das Gebäude und

Geschäfte um das Gebäude herum mit Kameras gespickt waren.

Eine ausführliche Diskussion unter Piloten darüber was wirklich das Pentagon getroffen hat, mit vielen Illustrationen und Fotos, finden Sie hier: „Pilots For 9/11 Truth Forum"[41]. Und wie gesagt: Die Mitglieder dieser Pilotenvereinigung sind sich einig, dass selbst erfahrene Piloten so ein Manöver mit einer Boeing unmöglich hätten fliegen können, ungeübte Cessna-Piloten erst recht nicht.

Für das Wahrscheinlichste halten die Piloten, dass eine Cruise-Missile das Pentagon traf. Das sagte auch Donald Rumsfeld am 12. Oktober 2001 dem Militärmagazin Parade. Später wurde das mit einem Versprecher erklärt. Rumsfeld scheint überall mit seinem Wissen prahlen zu wollen. Wenige Momente bevor das Pentagon getroffen wurde, sagte er laut Telegraph vom 16. September 2001 zu Christopher Cox, dem Vorsitzenden des Verteidigungsausschusses: „Glauben Sie mir, das ist noch nicht vorbei. Es wird eine weitere Attacke geben und das nächste mal könnte es uns treffen." Am 24. Dezember 2004 berichtete CNN von einer Rede, in der er – wieder ein „Versprecher" – davon sprach, dass der Flug über Pennsylvania abgeschossen wurde.

Das „Flugzeug" stürzt in die Westseite, die gerade renoviert wird. Normalerweise arbeiten in diesem Teil 4.500 von insgesamt 25.000 Menschen. An diesem Tag war der Gebäudeteil aber fast leer und es werden nur 125 Menschen getötet. Verteidigungsminister Rumsfeld weilt im gegenüberliegenden Teil des Pentagon und bekommt keinen Kratzer ab. Ein echter Terrorist wäre wohl in einen anderen Teil geflogen, zumal er noch eine Schleife drehen musste. Beweiskräftig ist das allerdings nicht.

⏱ 9 Uhr 45 bis 9 Uhr 56

General Richard Clarke startet den Continuity of Government Plan (COG). Laut einer Zeitleiste des Weißen Hauses ist es Dick Cheney, der den Plan um 9 Uhr 56 aktiviert. Beide sind seit Jahren regelmäßige Teilnehmer des Plans, der eine Kontinuität der Regierung garantieren soll, wenn der Präsident und andere wichtige Schlüsselfiguren ausfallen. Laut Washington Post vom 1. März 2002 („Shadow Government is at work at secret")[42] von Barton Gellman und Susan Schmidt wurde der Plan ins Unendliche verlängert.

Der Artikel erklärt die bis dahin fünfmonatige weitgehende Abwesenheit von Dick Cheney damit, dass er die Geschäfte der Geheimregierung führt! Damit war nach Meinung von Journalisten wie Larisa Alexandrovna von der Huffington Post vom 2. April 2008 zum Zeitpunkt des Artikels nach wie vor der Notstand ausgerufen.

In der Tat wurden nach dem 11. September zahlreiche verfassungswidrige Dinge getan, was aber nicht notwendigerweise auf den COG zurückzuführen ist. Tatsache aber ist, dass dem US-Kongress und sogar dem Homeland Security Komitee für den Kongress Einsicht in die Pläne verwehrt wird.

Ein Mitglied dieses Komitees, Peter DeFazio sagte gegenüber der Zeitung The Oregonian am 21.Juli 2007, er sei fassungslos, dass er als Kongressmitglied auf Anfrage keine Einsicht in die Pläne bekomme und schob nach: „Vielleicht haben die Leute, die sagen, es gäbe eine Verschwörung da draußen, recht". Das Thema ist komplett aus den Medien verschwunden, es gab auch keinerlei Meldungen darüber, dass der COG wieder außer Kraft gesetzt wäre. Niemand bekommt Auskunft darüber, wer an dem Plan teilnimmt und welche Regeln gelten.

⏲ 9 Uhr 59

Der Südturm bricht zusammen. Zahlreiche Feuerwehrleute und andere Zeugen berichten von Bomben und Explosionen. Einige Feuerwehrleute und der damalige Bürgermeister Rudolph Giuliani (und heute Anwalt von Donald Trump!) sagen, sie wären vor dem Zusammenbruch gewarnt worden. Die Warnungen konnten aber nur Insider aussprechen, die wussten, dass das Gebäude vermint war, denn aus physikalischen Gründen konnten die Gebäude nur dann in annähernd freier Fallgeschwindigkeit in ihr eigenes Fundament fallen, wenn alle tragenden Stahlsäulen gleichzeitig entfernt wurden.

Alle notwendigen Informationen finden Sie auf den Webseiten der Architektenvereinigung, der sich inzwischen über dreitausend Architekten, Statiker und Ingenieure angeschlossen haben[43].

◔ 10 Uhr 06

Flug 93 stürzt in Pennsylvania 124 Meilen oder 15 Minuten vor Washington ab. Angeblich überwältigten Passagiere die Entführer, auf den Bildern aber sind – wie sonst üblich – keinerlei Trümmerteile zu sehen. Zeugen sehen in der Nähe (ähnlich wie über Washington während des Pentagon Angriffes) einen niedrig fliegenden, kleinen, weißen Jet (in Washington war es eine große, weiße Maschine, evtl. ein Awacs-Aufklärer).

Zeugen und investigative Journalisten glauben laut AFP, der Flug wäre abgeschossen worden. Colonel Donn de Grand Pre und andere behaupten, Lieutenant Colonel Rick Gibney von der Fliegereinheit „Happy Hooligans", stationiert in Langley, schoss den Flieger ab. Dabei kann es sich aber nicht um die offiziell von Langley gestarteten Jäger handeln, sondern um eine andere Einheit. Tatsächlich bekam Gibney für seine Verdienste am 11. September 2001 ein Jahr später vom Gouverneur von Nord-Dakota eine Ehrenmedaille verliehen.

Offiziell flog er an diesem Tag aber nur eine wichtige Persönlichkeit nach New York. Seinem Lebenslauf ist jedenfalls zu entnehmen, dass er ein erfahrener Jet-Pilot, unter anderem auf der F-16, war. Eine Variante wäre, dass Gibney mit besten Absichten ein Flugzeug abschoss, das eigentlich Teil der Übungen war. Es war vielleicht dafür vorgesehen, ins Weiße Haus zu fliegen, beziehungsweise dafür der spätere Sündenbock zu sein. Dieser Plan fiel damit flach und hat der Welt möglicherweise erspart, dass sofort das Kriegsrecht in Kraft getreten wäre (COG um 9 Uhr 56 gestartet!).

◷ 10 Uhr 28

Der als Erstes getroffene Nordturm stürzt ein. Wieder berichten viele Zeugen, darunter Feuerwehrmänner, von Bombenexplosionen.

◷ 17 Uhr 20

World Trade Center 7, ein 47-stöckiges Hochhaus, stürzt ein. Auch hier wurden Feuerwehrleute vorher gewarnt. WTC7-Eigner Larry Silverstein sprach später davon, man hätte entschieden, das Gebäude zu sprengen. Das ist so schnell aber nicht zu bewerkstelligen. Später wird behauptet, Silverstein hätte mit dem Ausdruck „pull it" „evakuieren" gemeint. „Pull it" (wörtlich: „es ziehen") heißt aber beim besten Willen nicht „evakuieren".

Die 9/11-Kommission ignoriert den Zusammenbruch. Das Gebäude ist mehr als eine Fußballplatz-Länge entfernt und zeigt auf Video-Aufnahmen kaum Beschädigungen und nur kleinere Bürofeuer. Auf Drängen besorgter Bürger erstellte die Regierungsbehörde NIST sieben Jahre später einen Bericht, herabfallende Trümmerteile und Bürofeuer hätten den Kollaps ausgelöst. Das ist physikalisch unmöglich, da auch hier alle tragenden Stahlsäulen gleichzeitig entfernt werden mussten.

Interessant an dem vor physikalischen Unmöglichkeiten und Fehlern strotzenden Bericht ist, dass NIST in einer Fußnote auf S. 607 (NIST, NCSTAR 1-2, Vol 2) selbst zugibt, acht Stockwerke hätten sich 2,25 Sekunden im freien Fall befunden, vermutlich weil man es auf den TV-Bildern deutlich sieht und ein Physiker auf einer Pressekonferenz danach gefragt hatte. Wie ein NIST-Sprecher in einer früheren Anhörung zugab, wäre das nur möglich, wenn sich keinerlei tragende Teile mehr unter diesem Gebäudeteil befunden hätten.

Alle 82 Stahlsäulen hätten gleichzeitig versagen müssen. Eine ausführliche Analyse, auch des NIST-Berichts, finden Sie wieder bei der Architektenvereinigung. Zwei Tage vor Veröffentlichung des NIST-Berichts am 21. August 2008 stirbt der Vizedirektor des Emergency Services Department der Stadt New York, Barry Jennings, unter ungeklärten Umständen. Er berichtete, dass er im WTC7 lange vor dem Einsturz Explosionen hörte und die Eingangshalle entgegen offizieller Darstellungen mit Leichen übersät war.

IMPOSSIBLE MISSION 9/11: DAS DREHBUCH

Kommen wir jetzt zum möglichen Drehbuch der ganzen Geschichte. Hollywood würde mit seinem Hang zur Dramatisierung so eine Story anhand zweier verfeindeter Charaktere erzählen. Wie wir sehen werden, ist hierzu gar nicht viel Phantasie nötig, denn tatsächlich spielen - neben dem Mastermind - nur zwei Leute die entscheidenden Rollen in diesem Stück. Paul Schreyer ist es gelungen, mit Hilfe von erst 2009 freigegebenen Dokumenten die Schlüsselpersonen zu entdecken. In seinem Buch „Inside 9/11" schildert er die Vorgänge ausführlich.

Anders als in seinem Buch will ich Sie in die Situation der wahren Attentäter hineinversetzen. Zur besseren Unterscheidung sind meine Vermutungen kursiv gedruckt. Es handelt sich hierbei also um reine Spekulation. Sie können den kursiven Text aber auch weglassen und sich alleine aus den Fakten Ihr eigenes Bild machen. Die Rolle des Bösewichts übernimmt im realen Leben Robert Marr.

Wichtig: Solange es kein ordentliches Gerichtsverfahren gibt (das ja bis heute verweigert wird), ist dieser Mann natürlich als unschuldig anzusehen und, wie Sie sehen werden, ist es theoretisch immer noch möglich, dass er nur fahrlässig oder stümperhaft gehandelt hat. Manches spricht aber dafür, dass er Teil einer Spezialeinheit war, die ganz gezielt und mit höchster Präzision gearbeitet hat – auch wenn die Täter Fehler gemacht haben, die sie entlarven. Kennen Sie die Filmreihe „Mission: Impossible" mit Tom Cruise, die auf der TV-Serie „Kobra, übernehmen Sie" basiert? Im dritten Teil liefert ein US-Agent einem Terroristen eine Massenvernichtungswaffe, die dieser an ein arabisches Land ausliefert, um Amerika einen Grund für einen Krieg zu liefern. Kommt Ihnen das bekannt vor?

In dem Film sind die Mannen um Tom Cruise natürlich die Guten. In unserem Fall steht die Spezialeinheit, die auf unmögliche Mission geht, allerdings auf der dunklen Seite der Macht. Ich werde Ihnen eine mögliche Lösung präsentieren, die mit einer ganz kleinen Kerntruppe auskommt, ähnlich wie in „Mission: Impossible" oder „Ocean's Eleven". Hollywood ist allerdings Kindergarten gegen das, was Sie gleich lesen werden.

Beschäftigen wir uns zunächst mit dem biografischen Hintergrund einer unserer möglichen Bösewichte.

Robert Marr ging mit 18 zum Militär, wurde Pilot und arbeitete sich über den Posten des Ausbildungsleiters zum Major im Auslandseinsatz in Saudi Arabien (woher im Übrigen die meisten Attentäter kamen) bis zum Abteilungsleiter bei NEADS. Mitte der Neunzigerjahre wechselte er zum privaten Luftfahrtunternehmen Phoenix Air. Just unter dem damaligen Verteidigungsminister Dick Cheney wurden immer mehr militärische Aufgaben an private Unternehmen übergeben, darunter Phoenix Air, die dem Pentagon bei „komplexer elektronischer Kriegsführung" und bei Militärübungen halfen.

Ende der 90er Jahre wechselte Marr wieder zu NEADS und war dort für die Planung von Übungen wie Amalgam Virgo zuständig, an der im Juni 2001 auch der alte Arbeitgeber Phoenix Air teilnahm. Wir erinnern uns, dass Dick Cheney am 8. Mai von Bush die Oberaufsicht über alle Programme übertragen bekam, die sich mit den Folgen chemischer, biologischer und radiologischer oder nuklearer Angriffe beschäftigen.

Fälschlicherweise schließen daraus einige Beobachter, dass Cheney damit die Oberaufsicht über alle Kriegsspiele und NORAD bekam. Das lässt sich aus der Verlautbarung (Statement by the President: Domestic Preparedness Against Weapons of Mass Destruction) nicht direkt herauslesen, aber dass die Vorbereitungen auf solche Angriffe Übungen beinhalten, liegt auf der Hand. Mit dieser Order wurde das „Office of National Preparedness" (ONP) geschaffen, um die verschiedenen Bundesbehörden im Falle eines terroristischen Angriffs zu koordinieren – fünf Monate vor den Anschlägen. Welche Befugnisse Cheney damit genau bekam, harrt noch einer genaueren Untersuchung. Fakt ist, dass Cheney am 11. September der Mann in Verantwortung war (man in charge).

Der Mann, der Marr zu NEADS holte, war Colonel Alan

Scott, der zufällig mit dem über Marr in der Befehlskette stehenden Major General Larry Arnold im CONR (Continental United States NORAD Region) Hauptquartier war. Als Arnold im August 2001 Admiral Martin Mayer überzeugen wollte, ihm keine Gelder zu streichen, um sich gegen eine Raketenattacke von Terroristen zu wappnen, entgegnet dieser in Anwesenheit von Alan Scott, dass eine mögliche Bedrohung durch Osama bin Laden unfundiert sei: „Wenn jeder nur CNN ausschalten würde, dann gäbe es keine Bedrohung durch Osama bin Laden". Merken Sie sich die Namen.

Auffällig: Obwohl eigentlich alle Telefongespräche aufgezeichnet werden, wurden weder die Gespräche von Marr (nur die seines Counterparts) noch die von Arnold oder Cheney veröffentlicht. Wenn die Beteiligung der drei an einem Komplott vertuscht werden sollte, mussten natürlich auch die Bänder verschwinden.

Wo „Bad Guys" sind, müssen auch „Good Guys" sein. Diese Rolle übernehmen Major Kevin Nasypany und seine Untergebenen. Nasypany stand in der Befehlskette unter Marr und aus seinen belegten Handlungen geht hervor, dass er ehrlich versuchte, die Terrorattacken zu verhindern, während Marr ihn ständig behinderte.
Die unglaublichste Theorie: No Planes - keine Flugzeuge

Ich habe lange mit mir gehadert, ob ich Ihnen diese Theorie präsentieren soll. Ist sie doch bestens dazu geeignet, jemanden vollständig als Spinner hinzustellen. Es ist die

Theorie, dass gar keine Flugzeuge in die Zwillingstürme geflogen sind (ins Pentagon ohnehin nicht). Leider erklärt diese Theorie die Vorgänge bei NEADS am elegantesten und hat nebenbei noch den Effekt, dass der Kreis der Mitwisser extrem klein gehalten werden kann. Also sollte man sie nicht von vornherein ausschließen.

Wie wir sehen werden, kommt man auch ohne diese Theorie aus, aber dann verlangen sie einen viel größeren logistischen und planerischen Aufwand, bei dem eine Menge schief gehen kann. Nochmal zur Erinnerung: Durch die Art des Zusammenbruchs der WTC Gebäude 1,2 und 7 wissen wir bereits, dass 9/11 ein Inside Job war.

Wir müssen uns also nur noch überlegen, wie sie es gemacht haben. Und natürlich war die Ausschaltung der Luftwaffe dafür eine unabdingbare Vorraussetzung. Denn ohne die Flugzeuge hätten sie dem Publikum den Zusammenbruch der Türme nicht erklären können.

Wichtig: Wenn etwas nicht existiert, ist es unmöglich, seine Existenz zu beweisen. Es ist aber auch sehr schwer, die Nicht-Existenz zu beweisen. Wenn ich Ihnen sage, ich hätte gestern den schwarzen Mann gesehen, wie beweisen Sie mir, dass es nicht so war? Umgekehrt ist es aber relativ einfach, die Existenz von etwas zu beweisen, etwa indem ich beispielsweise vor Gericht die Wrackteile vorlege, die Teilenummern vergleiche (müssen bei jedem Flugzeug akribisch aufgezeichnet werden) und plausibel machen kann, wie sie an den Fundort gekommen sind. Solche Wrackteile existieren nicht.

Es gibt lediglich wenige Fotos von angeblichen Flugzeugteilen, die alles Mögliche sein können und nicht gerade an plausiblen Stellen fotografiert wurden. Da es nie einen Gerichtsprozess gab, ist alles, was von Regierungsseite verlautbart wird, völlig wertlos. Beispielsweise behaupten die Behörden, die DNA-Spuren der Passagiere der Pentagon-Maschine gefunden zu haben. Das ist aber gänzlich unmöglich, weil das Loch im Pentagon viel zu klein ist und nicht eine einzige Aufnahme existiert, auf der so etwas wie eine Boeing zu sehen ist.

Merke: Eine Pressemitteilung über einen DNA-Test ist kein DNA-Test, sondern nur eine Pressemitteilung. Nur ein Gericht könnte hier Klarheit schaffen, indem beide Seiten öffentlich ihre Beweise präsentieren.

Bevor Sie weiterlesen, sollten Sie sich unbedingt vorbehaltlos die Aufnahmen von Michael Hezarkhani ansehen, die zeigen sollen, wie das Flugzeug den zweiten Turm traf. Die Aufnahmen verschwinden immer wieder von YouTube. Derzeit ist eine Zeitlupenaufnahme unter dem Titel „South Tower World Trade Center Impact Slow Motion" auf YouTube[44] zu sehen.
Sie können deutlich erkennen, dass das Flugzeug in das Gebäude hineingleitet, ohne dass auch nur ein einziges Teil vom Flugzeug abbricht. Man hat sogar den Eindruck, dass sich die Säulen nach dem Eindringen wieder schließen, also plötzlich wieder intakt sind. Das mag der geringen Auflösung geschuldet sein, aber unstrittig ist, dass das Flugzeug vollständig eindringt. Ist das überhaupt möglich?
Um das zu beurteilen, müssen Sie unbedingt das dritte

Newtonsche Gesetz kennen und verstehen: „Kräfte treten immer paarweise auf. Übt ein Körper A auf einen anderen Körper B eine Kraft aus (actio), so wirkt eine gleich große, aber entgegen gerichtete Kraft von Körper B auf Körper A."

Das bedeutet: Die Kraft, die vom Flugzeug auf die Stahlsäulen des Turmes wirkt, entspricht der Kraft, die die Stahlsäulen auf das Flugzeug ausüben und das schwächere Objekt gibt nach. Sie können sich das also so vorstellen, als ob der Stahlwolkenkratzer mit einer Geschwindigkeit von etwa 800 Kilometern pro Stunde auf ein Aluminiumflugzeug zurast. Wer gibt wohl nach?

Da dieser Punkt so wichtig ist, bitte ich Sie, zumindest im Geiste folgendes Experiment nachzuvollziehen. Halten Sie ein Blatt Papier mit beiden Händen fest und bitten jemanden mit einer bestimmten Geschwindigkeit mit einem Bleistift hineinzustechen. Der Bleistift durchstößt das Papier. Danach halten Sie den Bleistift fest und bewegen das Blatt Papier mit derselben Geschwindigkeit auf den Bleistift zu. Wieder wird der Bleistift das Papier durchdringen und nicht umgekehrt.

Eine weitere Überlegung: Ein Objekt, das auf ein Hindernis trifft, wird entweder selbst zerstört, dann bleibt beispielsweise die Wand intakt, oder die Wand geht kaputt, aber dann bleibt das Objekt, das auf sie trifft, intakt. Man kann das bei Crash-Tests schön beobachten. Beispiel Tennisball: Entweder der Ball prallt vom Schläger ab, oder er geht durch, weil die Bespannung reißt. Dann kommt der Ball aber auf der anderen Seite unbeschädigt an und löst sich nicht plötzlich auf.

Alles steht und fällt also mit der Frage, was ist stabiler: ein hauptsächlich aus Aluminium bestehendes Flugzeug oder die mit dem Gebäude verbundenen Stahlsäulen? Beide World Trade Center Türme waren außen von quadratischen Stahlsäulen umringt. Jede Seitenfläche hatte eine Stärke (Dicke) von 6,35 Zentimetern.

Zum Vergleich: Die Frontpanzerung des besten Panzers im Zweiten Weltkrieg, des T-34, war nur 4,5 Zentimeter dick und einwandig. Dennoch gab es noch keine panzerbrechenden Artilleriegranaten, die diese Panzerung durchschlagen konnten. Die 59 Stahlsäulen jeder Wand des WTC, die jeweils einen Abstand von einem Meter hatten, waren doppelwandig und mit insgesamt 12,7 Zentimetern dreimal so dick.

Stahl hat eine um dreimal höhere Steifigkeit[45] als Aluminium. Das heißt, Aluminium verformt sich dreimal leichter als Stahl, was die meisten wohl auch schon einmal im Alltag wahrgenommen haben. Überspitzt ausgedrückt ist die offizielle Theorie damit vergleichbar, dass eine leere Cola-Dose, die auf eine Stahlwand abgefeuert wird, durch die Wand hindurch geht. Die Analogie passt insofern, dass das Flugzeug ja im Wesentlichen hohl ist und nicht aus einem großen Klumpen Aluminium besteht.

Alle Filmaufnahmen von Flugzeugabstürzen und Crashtests bestätigen, wie leicht die Aluminiumhaut eines Flugzeuges zerstört werden kann. Sogar ein im Weg stehender Telefonmast durchschneidet einen Flugzeugflügel, wie man beispielsweise in dem Video mit dem Titel „WTC: Can 767 Aluminum Wing Cut 14'Steel?"[46] ab Minute eins sieht.

Selbst Vögel können die Aluminiumhaut eines Flugzeugs beschädigen. Googeln Sie „Bird hits plane" oder „Vogel trifft Flugzeug". Sie werden im Netz keine einzige Aufnahme finden, in der ein Flugzeugflügel Stahl durchschneidet. Falls doch, schicken Sie mir die Aufnahme. Ich habe keine gefunden. Sie finden auch genügend Aufnahmen im Internet, in denen Flugzeuge verschrottet werden. Ein simpler Baukran[47] reicht, um die Außenhaut des Flugzeuges zu zerstören.

Die Gegner der „No-Plane-Theorie" argumentieren, die Geschwindigkeit des Flugzeuges wäre eben viel höher gewesen als bei bisher dokumentierten Ereignissen. Doch dieses Argument bekräftigt die Theorie, statt ihr zu widersprechen. Die Vertreter dieses Arguments bauen darauf, dass sie das dritte Newtonsche Gesetz nicht kennen oder verstehen. Denn je schneller das Flugzeug ist, desto stärker ist auch die Kraft, die von der Stahlsäule auf den Flügel ausgeübt wird.

Sie können das ganz einfach selbst nachvollziehen. Wenn Sie mit ihrem Auto ganz langsam auf eine Wand zufahren, verbiegt sich die Karosserie nur leicht. Wenn sie ganz schnell auf die Wand prallen, wird Ihr Auto viel mehr davon in Mitleidenschaft gezogen.

Oder nehmen Sie Unfälle bei der Formel 1. Bei Formel-1-Autos werden auch Flugzeugmaterialien eingesetzt. Haben

Sie jemals gesehen, dass ein Formel-1-Auto durch eine Stahl- oder Betonmauer geflogen ist? Diese Autos sind manchmal um die 300 Km/h schnell. Und wie gesagt: Wären sie 800 km/h schnell, müsste es das Auto erst recht zerlegen. Die höhere Steifigkeit des Monocoque soll nicht dafür sorgen, dass es Stahl- oder Betonhindernisse durchdringt, sondern davon abprallt, damit der Fahrer geschützt wird. Anders ausgedrückt: Bei genügend geringer Geschwindigkeit würde das Flugzeug von der Stahlwand abprallen, statt zerstört zu werden.

Hinzu kommt: Das Flugzeug ist kein monolithischer Block, sondern besteht aus unterschiedlich schweren, unterschiedlich dichten und unterschiedlich fest verbundenen Teilen. Die Höhen- und Seitenruder beispielsweise hängen relativ lose am Rumpf und an den Flügeln. Dass die Fensterscheiben der Wolkenkratzer einfach so durchschlagen werden, liegt nahe, aber dass an den Stahlsäulen gar nichts hängen bliebt, ist wohl kaum vorstellbar.

Schauen Sie sich alle verfügbaren Aufnahmen an: Solche Bilder, bei der ein hauptsächlich aus leichtem Aluminium bestehendes Flugzeug nach der ersten Berührung mit einem festen Hindernis intakt bleibt, gibt es nur von diesem Tag, sonst von keinem Crash weltweit. Dagegen gibt es sogar Aufnahmen, bei denen es das Flugzeug zerreißt, wenn es in einem ungünstigen Winkel auf Wasser trifft, wie 1996 bei der Entführung der äthiopischen Airline 767[48].

Gelegentlich hört man das Gegenargument, dass es mit genügend kinetischer Energie (Masse mal Geschwindigkeit) eben doch möglich wäre, mit Aluminium Stahl zu durchdringen, schließlich gäbe es auch Waffengeschosse aus Aluminium. Diese werden aber nicht verwendet, um Stahl zu durchdringen, sondern leichtere Materialien wie beispielsweise den menschlichen Körper. Ich habe auch keine Geschosse gefunden, die ausschließlich aus Aluminium bestehen, aber ich könnte ja etwas übersehen haben.

Bei panzerbrechenden Hartkerngeschossen jedenfalls wird das viel schwerere Wolfram oder Uran 235 als Kern eingesetzt. Der äußere Mantel besteht aus einem weicheren Material wie etwa Aluminium oder Tombak, um die Flugstabilität zu erhalten. Ich vermute, dass dies auch der Grund bei anderen Patronen ist, warum Aluminium eingesetzt wird.

Unbestreitbar bleibt ohnehin: Im Falle eines Flugzeuges sind die verschiedenen Teile, wie erläutert, relativ lose verbunden und würden abreißen.

Weitere Argumente:

Da die „No-Plane-Theorie" (NPT) so stark umstritten ist, will ich die Argumente kurz skizzieren und bewerten. Informieren Sie sich aber selbst ausführlich im Netz: Der prominenteste Vertreter der No-Plane-Theorie ist Professor Morgan Reynolds[49], der allerdings kein Physiker, sondern Ökonom ist. Er wird unterstützt von Dr. Judy Wood[50]. Sie war Professorin für Ingenieurwissenschaften. Dass sie der

Meinung ist, dass geheime, unkonventionelle Waffen, die nach ihrer Ansicht existieren, eingesetzt wurden, ist für Mainstream-Wissenschaftler natürlich ein Grund an ihrer Glaubwürdigkeit zu zweifeln.

Es liegt in der Natur der Sache, dass es schwer ist, für geheime Technologien Beweise zu finden. Prominentester Widersacher ist Physik-Professor Steven Jones von Scholars for 9/11 Truth & Justice (stj911.org), der im Staub des Word Trade Center Nanothermit gefunden haben will, mit der die Türme gesprengt worden sein sollen.

Drei längere Videofilme beschäftigen sich ausführlich mit der No-Plane-Theorie: „September Clues", „9/11 Mega-Ritual" und „The Great American Psy Opera" von Ace Baker. Diese Videos verschwinden immer wieder von YouTube, deshalb gebe ich hier keine Adressen an. Ace Baker wurde möglicherweise sogar ermordet, zumindest habe ich seit 2011 nicht mehr von ihm gelesen oder gehört.

Nicht alle Argumente in diesen Filmen sind gleich gut. Ich habe mir die besten rausgesucht und wenn Sie Belege dafür suchen, was ich im Folgenden schreibe, sind diese Filme eine Anlaufstelle. Sie können aber auch unter den entsprechenden Stichworten suchen. Adressen anzugeben ist nicht immer sinnvoll, da gerade bei dieser Theorie andauernd Videos gelöscht werden.

Zwei weitere physikalische Argumente scheinen überzeugend. Die Flugzeuge sollen mit 430 beziehungsweise mit 510 Knoten (570 Meilen pro Stunde, 945 km/h,

Schallgeschwindigkeit beginnt bei 1235 km/h) geflogen sein. Bei einer solchen Geschwindigkeit müsste es das Flugzeug laut Aussagen von Piloten aber aufgrund der hohen Luftdichte in dieser geringen Höhe zerreißen. Dazu werden Aussagen von Boeing angeführt, die ich allerdings nicht nachrecherchiert habe.

Das entsprechende Video mit dem Titel „Impossible Plane Speed with Boeing" ist inzwischen, wie so viele Videos, die sich damit beschäftigen, verschwunden. Auf meine eigenen Anfragen bei Boeing, Lufthansa und Airbus erhielt ich keine Antwort. Auf Wikipedia steht, dass bei Verkehrsflugzeugen die Geschwindigkeit unterhalb von 10.000 Fuß durch Vorschriften auf 250 Knoten beschränkt ist.

Die Pilotenvereinigung für 9/11-Wahrheit gab eine Pressemitteilung[51] heraus, dass zumindest die Geschwindigkeit von Flug 175, 85 Knoten über der möglichen Maximalgeschwindigkeit liegt. Selbst wenn das Flugzeug es trotzdem geschafft hat, intakt zu bleiben, wer würde so ein Risiko eingehen? Russ Wittenberg, ein erfahrener Pilot, der exakt den Flugzeugtyp flog, der ins WTC gekracht sein soll, sagt beispielsweise, so eine Geschwindigkeit ist in der Höhe unmöglich und würde zuerst die Flügel abreißen. Einer der Piloten liefert im Forum noch ein interessantes Argument: Wenn sie schon echte Boeings benutzten, warum sorgen sie dann nicht dafür, dass es wenigstens eine eindeutige Aufnahme davon gibt?

Einer der Piloten in der Vereinigung, die sagen, dass es gar keine Flugzeuge gab, ist übrigens John Lear, der Sohn von Bill Lear, seines Zeichens Erfinder des Lear-Jet. Laut seiner Biografie hat er über 19.000 Flugstunden auf 100 Maschinen in 60 Ländern. Er soll einer der ganz wenigen – wenn nicht nicht der einzige – Pilot sein, der alle Zertifizierungen der Flugbehörde FAA hält. Der Mann sollte sich auskennen. Es gibt mit ihm einige Interviews auf YouTube.

Was man selbst überprüfen kann, ist, dass Jets riesige Luftverwirbelungen hinterlassen, weshalb es immer einen zeitlichen Abstand von mindestens fünf Minuten zwischen verschiedenen Starts geben muss. Die Wirbel können ganze Autos in die Luft heben, wovon es zahlreiche Aufnahmen gibt. Im Rauch nach dem Einschlag ist aber nicht die geringste Verwirbelung zu erkennen.

Ein weiteres physikalisches Argument ist beachtenswert: Laut den seismischen Daten wurden beim ersten Einschlag Vibrationen gemessen, die einem Erdbeben der Stärke 0,9 entsprechen, beim zweiten aber nur 0,7 auf der Richter-Skala. Kinetische Energie vergrößert sich aber mit der Geschwindigkeit zum Quadrat. Da der zweite Flieger 100 Meilen schneller geflogen sein soll, war die kinetische Energie 50 Prozent höher und hätte also einen deutlich größeren Ausschlag auf der Richterskale verursachen müssen, keinesfalls einen kleineren.

Eines der Hauptargumente gegen die NPT lautet, dass tausende von Zeugen die Flugzeuge gesehen hätten. Das kann man aber so gar nicht sagen. Es wurden ja gar nicht tausende von Zeugen befragt. Im TV sah man an diesem Tag vielleicht ein Dutzend. Diejenigen, die sagen, sie sahen ein Flugzeug, arbeiteten fast alle beim Fernsehen oder Regierungseinrichtungen oder waren anonym.

Aus der Kriminalistik ist bekannt, wie unzuverlässig Zeugen sind, beispielsweise bei Unfällen. Vor allem, wenn im TV laufend eine bestimmte Variante gezeigt wird, werden auch Leute unsicher, die gar kein Flugzeug gesehen haben. Deshalb sucht man Geschworene auch möglichst danach aus, dass sie vorher noch nichts von dem Fall gehört haben. Häufig werden zum Beispiel Täter falsch identifiziert, nur weil vorher schon ein Bild von ihnen in der Zeitung war.

Für eine wissenschaftlichen Studie von 2009 mit dem Titel „Can fabricated evidence induce false eyewitness testimony?"[52] sollten Menschen ein Ereignis beschreiben, das sie selbst erlebt hatten. Danach zeigte man ihnen ein Video vom selben Ereignis, das aber gefälscht war. Fast 50 Prozent der Probanden änderten daraufhin ihre Aussage auf die im Video gezeigte Version.

Am spannendsten sind natürlich die unmittelbaren Live-Zeugen. In den Filmen „September Clues", „9/11 Mega-Ritual" oder „The Great American Psy Opera" von Ace Baker können Sie diese Aussagen noch sehen. Bei den Live-Zeugen beobachten wir ein interessantes Phänomen: Immer wenn vom TV-Studio aus live im Moment des Einschlags mit jemandem vor Ort gesprochen wurde, sah der Interviewte kein Flugzeug. Die Moderatoren mussten ihm dann sagen, dass sie auf ihrem Bildschirm eins gesehen haben. Obwohl manche von ihnen angaben, freie Sicht zu haben, könnten sie natürlich einen schlechten Blickwinkel gehabt haben. Einer von ihnen war beispielsweise der ABC Reporter Don Dahler, der auch auf Nachfragen angab, kein Flugzeug gesehen zu haben[53].

Das Interessanteste an seiner Aussage ist aber, dass er auch kein Flugzeug hörte. Das ist beim besten Willen nicht mehr zu erklären. Eine tief fliegende Boeing macht einen Riesenkrach, wie jeder weiß, der schon mal auf einem Flugplatz war. Ein startendes Flugzeug in einer Höhe von 100 Meter produziert einen Lärm von 120 Dezibel – zehnmal lauter als ein Rockkonzert. 85 Dezibel werden als gesundheitsschädigend angesehen. Die Schmerzgrenze für menschliche Ohren liegt bei 140 Dezibel. Die Turbinen müssten bei einer Geschwindigkeit von 940 km/h voll aufgedreht gewesen sein und daher maximale Lautstärke produziert haben.

Ebenso seltsam: Zwischen dem ersten und dem zweiten Einschlag, also als noch keine Bilder von einem Flugzeug gesendet wurden, gibt es praktisch nur Zeugen, die von keinem, einem kleinen Flugzeug oder einer Cruise-Missile reden. Meines Wissens gab es nur einen Zeugen, der zwischen den Einschlägen angab, beim ersten Einschlag eine Boeing gesehen zu haben und das war ausgerechnet der Vizepräsident von CNN.

Alle Live-TV-Bilder kamen an diesem Tag aus einem Raum,

weil die Antenne für die lokalen und anderen TV-Stationen auf dem World Trade Center war. Möglicherweise liegt hierin auch der Grund dafür, dass die Türen zu den Dächern abgeschlossen waren. Die Täter konnten ja nicht sicher sein, dass die Antennen wirklich kaputt gingen. Es ist also gar nicht nötig, dass alle TV-Leute eingeweiht waren. Sie sahen alle dasselbe. Für die Fälschung der Bilder genügt ein Profi. Eine nähere Beschäftigung mit den Zeugen führt Erhellendes zu Tage. Einer von Ihnen, Gary Welz (Sie finden ihn auf YouTube), gibt an, sich beruflich mit digitalen Computeranimationen zu beschäftigen, schrieb ein Theaterstück über Selbstmordattentäter und ist nebenbei noch Schauspieler. Laut „9/11 Megaritual" trat er noch in mindestens einer anderen Verkleidung auf und meldete sich im Radio unter einem falschen Namen (Tony Arrigo). Das muss jeder selbst beurteilen, ich bin kein Biometrie- oder Stimmerkennungsexperte.

Auch die Geschichte des Schauspielers Mark Humphrey ist interessant. Er bestreitet trotz verblüffender Ähnlichkeit einer der Zeugen zu sein, aber sein Alibi ist äußerst dünn. Er behauptet, während der Anschläge auf einem Treffen mit 20 anonymen Alkoholikern (die natürlich anonym bleiben wollen) in Los Angeles gewesen zu sein. Er vergisst dabei aber die Zeitverschiebung zu New York. Während es dort 9 Uhr war, war es in L.A. 6 Uhr. Ein AA-Treffen um 6 Uhr in der Früh?

Um dem Ganzen die Krone aufzusetzen, spielt er in dem Film Air Rage mit Ice-T mit, bei dem es um einen Terroranschlag mit entführten Flugzeugen geht und der vier Wochen vor dem 11. September in die Kinos kam. In einer Szene soll er sagen: „Ich war der, der den Plan vorschlug als falscher Zeuge undercover zu gehen, um die ganzen echten Zeugen loszuwerden". Life is stranger than fiction. Das entsprechende Video wurde wegen „Mobbing" gelöscht.

Ein besonders schönes Beispiel ist, als der Reporter Rick Leventhal auf Fox einen Passanten befragt und dieser angibt, da wäre definitiv kein Flugzeug gewesen. Selbst als Leventhal ihm sagt, im TV wäre ein Flugzeug zu sehen gewesen, antwortet er: „Nein, da war kein Flugzeug, es waren Bomben, ich habe alles genau gesehen." Und natürlich gehört.

Statt ihn ob der Sensation intensiver zu befragen, schaut sich der Reporter hilfesuchend um, dreht sich weg und befragt einen Feuerwehrmann. Dieser hatte nicht nur das Flugzeug gesehen, sondern auch gleich eine Erklärung für den Zusammenbruch der Türme: „due to structural failure" – Versagen der Struktur.

Genau diese Erklärung geben auch der vermeintliche „Mark Humphrey" und später die Regierung an. Ist es nicht seltsam, dass diese Laien sofort die offizielle Erklärung parat haben, die aber nachweislich falsch ist? Der Film Mega-Ritual sammelt auch Hinweise in der Körpersprache darauf, dass die wenigen Zeugen, die eine Boeing gesehen haben, lügen. Das ist natürlich pure Spekulation, aber auch sehenswert.

Man sollte andererseits aber auch bedenken, dass es ein ziemliches Risiko ist, kein Flugzeug in das zweite Gebäude hinein zu steuern, weil ja alle Aufmerksamkeit auf den Türmen lag. Dass es kein einziges Amateur-Video ohne Flugzeug auf YouTube geschafft hat, ist schon seltsam. Angeblich wurden viele Filme beschlagnahmt.

Der Boston Globe berichtete am 26. September 2001, dass Bürgermeister Rudolph Giuliani jegliche Fotos und Filmaufnahmen am Ground Zero verbot. Nicht gerade vertrauenserweckend. Es gibt zwar eine Amateuraufnahme ohne Flugzeug, aber auch die könnte gefälscht sein. Außerdem sieht man bei näherer Betrachtung zumindest kleine schwarze Pixel. Das Video wurde inzwischen auch gelöscht.

Ähnliches gilt auch für eine Live-Übertragung von Chopper 5 auf Channel 4. Das fehlende Flugzeug kann aber auch mit der (verdächtig schlechten) Auflösung erklärt werden. Verdächtig ist auch, dass die Urheber vieler Amateurvideos nicht bekannt sind oder andere sich weigern, mit der Presse zu sprechen, wie Michael Hezarkhani, der gegenüber Jeff Hill aus der Wahrheitsbewegung gesagt habe, sein Anwalt hätte ihm geraten, nichts zu sagen.

Tatsächlich findet sich kein einziges Interview mit dem Mann, der die deutlichsten Aufnahmen des Einschlags vom Ereignis des Jahrhunderts gemacht hat. Hier die nicht sehr glaubwürdige Geschichte einer Frau, die ein Flugzeug gesehen haben will und zufällig die Frau des Produzenten der Sendung ist: „Theresa Renaud: 9/11 Eyewitness Report Cards, Installment II"[54]

Auf dieser Seite finden Sie (angeblich alle) Zeugen, deren Glaubwürdigkeit sie selbst beurteilen können: 911logic. blogspot.com[55].

Professor Morgan Reynolds versucht seit Jahren, ein Gerichtsverfahren anzustrengen, um alle diese Zeugen unter Eid aussagen zu lassen, was sie wirklich sahen und wie die Aufnahmen zustande gekommen sind – bisher ohne Erfolg. Angesichts der Tatsache, dass jeder, der sich bei McDonalds an einem heißen Kaffee die Finger verbrüht, einen Millionen-Prozess bekommt, ist das schon sehr erstaunlich. Schließlich handelt es sich um das Verbrechen des Jahrhunderts und es wimmelt nur so von forensischen und physikalischen Beweisen, die der offiziellen Theorie widersprechen. Ein Jura-Student im zweiten Semester zerreißt solche Zeugen wahrscheinlich in der Luft. Perry Mason wird nicht gebraucht.

Manche sprechen sogar von Hologrammen (äußerst unwahrscheinlich) und wollen in den Filmaufnahmen Belege dafür sehen. Viele Anomalien lassen sich aber auch mit der Kameraführung, schlechter Fokussierung oder eben mit Fälschungen erklären. Ebenso seltsam ist aber, dass es keine einzige Aufnahme gibt, auf der eine Boeing klar erkennbar ist.

Auch dass die offiziellen TV-Bilder an einem sonnigen, helllichten Tag alle von grausamer Qualität, Auflösung und Farbe sind, ist seltsam und würde sich erklären, wenn man möglichst unscharfe Bilder haben will, um leichter Pixel einfügen zu können. Seltsam ist auch, dass es bei den „Live"-

Bildern vom zweiten Einschlag offenbar eine Verzögerung von 17 Sekunden gab, die auch noch durch einen Ton markiert wurden. In dieser Zeit hätte das Bild vom Flugzeug eingefügt werden können.

Es kann natürlich Zufall sein, aber gerade in den Live-Aufnahmen (die alle aus derselben Quelle stammen könnten, weil der Blickwinkel praktisch identisch ist) ist der Turm, in den das Flugzeug einschlägt, von dem anderen Turm verdeckt und man sieht nur einen Schatten heran rasen. Noch dazu wird der Bildschirm kurz darauf schwarz. Also ausgerechnet bei der Aufnahme, bei der es am wenigsten Zeit zum Fälschen gibt, ist fast nichts zu erkennen. Für alle späteren Aufnahmen war genügend Zeit, um sie zu manipulieren.

Zudem kreiste zur Zeit der Anschläge ein Flugzeug über Manhattan, es ist im Hintergrund einer Aufnahme vom zweiten Einschlag zu sehen und wird im Fernsehen von einer Journalistin beschrieben, die aber dann vom Moderator das Wort abgeschnitten bekommt. Es kann daher durchaus Zeugen dafür geben, dass ein Verkehrsflugzeug zu der Zeit über New York flog. Ebenso wird, immer wenn Zeugen kein Flugzeug sahen, schnell weitergeschaltet.

Wenn keine Flugzeuge reingeflogen sind, muss man sich fragen, wie die comicartige Silhouette des Flugzeuges entstanden ist. No-planer nennen sie „Roadrunner-Cartoon", wie die berühmte Comicfigur, die immer durch Wände rennt und ihren Schatten hinterlässt. Kinder lachen darüber, weil sie instinktiv wissen, dass das nicht geht. Daher habe ich nach Aufnahmen gesucht, wo zu erkennen wäre, wie die Löcher entstehen und stieß auf etwa sehr Merkwürdiges: Es gibt keine Aufnahmen, wo man das sehen könnte! Im Naudet-Video vom ersten Einschlag ist das Entstehen der Löcher von der Rauchwolke verdeckt und alle anderen Videos brechen ab, bevor sich der Rauch verzieht.

Es ist doch äußerst unwahrscheinlich, dass jemand den Einschlag filmt und danach die Kamera abschaltet. Es gibt dann nur spätere Aufnahmen, in denen man das Loch sieht, aber keine einzige durchgehende Sequenz mit Flugzeug und anschließend sichtbaren Löchern. Das spricht im Übrigen auch dafür, dass alle nachfolgenden sogenannten Amateuraufnahmen, die oft aus dem nahezu selben Winkel aufgenommen sind, nur Varianten der bereits gesendeten Aufnahmen sind. Auf gleich zwei Aufnahmen verschwindet einige Meter vor dem Gebäude plötzlich der komplette Flügel. Was auch seltsam ist: Das Flugzeug verschmilzt mit dem Gebäude, was zum Großteil durch Rauch verdeckt wird, danach sieht man eine Explosion. Aber wo kommt der Rauch her? Sollte es nicht erst eine Explosion geben und dann Rauch?

Sollte es wirklich keine Flugzeuge gegeben haben, lösen sich einige Widersprüche in der offiziellen Theorie auf elegante Weise auf und darüber hinaus sinkt der Aufwand für das Unterfangen dramatisch. Beispielsweise hätten wir eine simple Erklärung dafür, warum sich zweimal zwei Maschinen fast in der Luft getroffen haben. Dass reale Piloten so etwas hinbekommen, ist praktisch ausgeschlossen.

Aber selbst mit ferngesteuerten Maschinen wäre das Risiko gigantisch, dass die Maschinen kollidieren. Wenn es sich aber bloß um eingespeiste Signale („Inserts") handelt, ist das alles kein Problem. Sie wurden einfach eingespeist, um maximale Verwirrung zu stiften. Möglicherweise auch, um in deren „Schatten" Drohnen oder andere Flugkörper aufsteigen zu lassen. Möglicherweise waren da auch zunächst Flugzeuge, die im Radarloch gelandet wurden, und ab dann handelte es sich um Inserts.

Man sollte auch bedenken, dass das Risiko mit einer trägen Boeing tatsächlich die relativ (zur Flugzeuggröße) schmalen Türme zu verfehlen, sehr hoch ist. Das eine Flugzeug lag angeblich sogar mitten in einer Kurve, das könnte nicht mal ein Kunstflieger mit einer Boeing so hinbekommen. Was wäre, wenn das Flugzeug das Ziel verfehlt und eine Bruchlandung hinlegt? Dann wären entweder keine Passagiere an Bord (Drohne) oder Überlebende könnten die Wahrheit berichten. Vor allem: Um die Gebäude sprengen zu können, mussten sie komplett in das Gebäude eindringen, denn die Story lautete ja, dass das Kerosin die Stahlträger zum Schmelzen brachte. Was wäre gewesen, wenn das Flugzeug tatsächlich an der Wand zerschellt oder explodiert wäre, oder zumindest die Flügel mit den Kerosintanks? Oder Teile des Flugzeuges wären auf der anderen Seite wieder rausgekommen? Es blieb exakt im Gebäude, das fast genau so tief war wie die Boeing lang.

UND: Was wäre, wenn die echten Boeings die platzierten

Bomben unkontrolliert zur Explosion gebracht hätten? Oder die Leitungen zu den Bomben beschädigt? Um sicher zu gehen, hätten sie das WTC nachbauen müssen und wieder und wieder testen. Selbst die großen Airlines oder Autokonzerne verlassen sich nicht auf Simulationen, sondern machen laufend Crash-Tests. Wenn nur die kleinste Kleinigkeit schief gegangen wäre, hätten die Gebäude nicht gesprengt werden können und alle Beweise lägen auf dem Tisch. Würde das irgendjemand bei einem so gigantischen Verbrechen riskieren?

Zumal, wenn die Alternative ein paar Bildfälschungen sind, die Prof. George Stein[56] schon 1995 als für die psychologische Kriegsführung ideal angesehen hat. Und wir wissen, dass das Militär und die Geheimdienste Agenten zur Psychologischen Kriegsführung in große News-Netzwerke wie CNN eingeschleust hat. Außerdem kamen wahrscheinlich alle Bilder aus einem einzigen Operationscenter[57]. Die Lokalsender mussten die Bilder der großen „Majors" übernehmen, weil es keine anderen gab. Ohne Flugzeuge, kein Risiko. Die Nichtexistenz kann nie bewiesen werden und die Zeugenfrage kriegt man relativ leicht in den Griff, wie wir gesehen haben.

Das einzige was nun noch verhindert werden muss, ist, dass Abfangjäger aufsteigen und die Piloten sehen, dass da gar kein Flugzeug oder zumindest keine Passagiermaschine ist. Und genau das wurde auch verhindert. Vergessen wir dabei nicht, dass der einzige mögliche Zeuge, der Pilot von Flug 175, der gebeten wurde, nach Flug 11 zu schauen, ausgerechnet die Maschine steuerte, die kurz danach nach offizieller Lesart entführt wurde. Das heißt übrigens nicht, dass es gar keine realen Flugzeuge gab – mindestens die, die an den Übungen teilnahmen. Aus ihnen könnten auch die Gespräche (zumindest die Stewardessen- oder Cockpitgespräche) geführt worden sein.

Wie sie die Aufnahmen gefälscht haben könnten, zeigt der YouTube-User Collin Alexander (Ace Baker) in einem sehr sehenswerten 5-Minuten-Video („Theory of Ghostplane")[58]. Es kostet ihn ein paar Mausklicks, exakt denselben Effekt zu erzielen. Im Kommentar finden Sie weitere Argumente und Links. Sie finden dort auch eine Analyse, die zeigt, dass sich dort, wo die Flügel laut Bildmaterial eingedrungen sind, später gar kein Loch mehr befindet. Entweder der Flügel müsste abbrechen oder in der Wand ist ein Loch. Beides fehlt. Wenn man sich die Silhouette ganz genau ansieht, sieht man außerdem, dass sie gar nicht dem Flugzeug entsprechen. Die Säulen sind auf vier Ebenen entlang einer exakten horizontalen Line abgeschnitten (Google „WTC impact zone"). Wie soll das denn gehen?
Der Autor bietet auch eine Erklärung für die Blitze in den Videos, kurz bevor die Nase ins Gebäude dringt. Es handelt sich seiner Meinung nach um echte Explosionen anhand derer die Bildkompositionen später synchronisiert werden konnten. Die verschiedenen Filme weisen zahlreiche Inkonsistenzen auf, von denen die meisten für Video-Laien aber schwer zu durchschauen sind. Aber ein recht anschauliches Beispiel ist, dass in einem Video (Hezarkhani) eine Explosionswolke (puff) über und in einem anderen

Video (Fairbanks) unter dem Flügel auftaucht.

Sie müssen die Medien nicht mal einweihen. Denn alle glauben, was sie auf dem Schirm sehen. Hier eine Sammlung von Live-Aufnahmen, in denen die Reporter kein Flugzeug sahen: „Live TV Footage of 9/11 (Second Plane hit, Collapse of Towers) World Trade Center Coverage"[59].

Es existierte wohl sogar eine Live-Aufnahme ohne Flugzeug, rein theoretisch könnte die Aufnahme zu unscharf gewesen sein, ist aber wenig wahrscheinlich, die Boeing ist ja fast so lang wie das WTC breit. Das Video hatte 22 Millionen Abrufe, wurde aber inzwischen auf YouTube gelöscht.

„Es ging ja alles so schnell, ich werde wohl nicht richtig hingeschaut haben", werden sich die meisten sagen, die kein Flugzeug sahen. Wenn Sie sicher sind, dass Sie sich nicht irren, wird Ihnen bewußt, dass die eigene Regierung gerade 3.000 Leute umgebracht hat und sogar die Medien mit drin stecken. Nicht gerade die Erkenntnis, die sie laut „Haltet den Dieb!" schreien lässt. Eine echte Boeing zu benutzen, ist ein planerischer, technischer und logistischer Albtraum. Sie müssen eine Boeing beschaffen, diese aufwendig umrüsten und steuern. Wie komplex das ist, schreibt ein Techniker, der an die offizielle Version glaubt, hier: „Remote Takeover on 9/11: A Critical Analysis"[60].

Jeder Flugpassagier hat schon mal erlebt, wie es ein Verkehrsflugzeug um mehrere Meter versetzt, wenn es in Turbulenzen gerät. Das ist mit einer so trägen Maschine unmöglich schnell genug zu korrigieren, um die Türme nicht zu verfehlen. Die Türme waren nur wenig breiter als die Flugzeuge und wurden trotzdem voll getroffen. Ein Ziel in der Luft zu treffen, ist nicht zu vergleichen mit einem langsamen Landeanflug, bei der sie hunderte Meter lang über der Landebahn schweben, bevor sie aufsetzen.

Ist Ihnen schon mal aufgefallen, dass die Landungen in letzter Zeit härter wurden? Das liegt daran, dass inzwischen meistens ein Autopilot landet. Die hochgezüchtete Technik bringt es nicht fertig, so sanft zu landen wie ein erfahrener Pilot. Und Piloten wurden an diesem Tag sicher nicht eingesetzt.

Wie einfach ist es dagegen, ein paar Filmaufnahmen zu fälschen? David Copperfield lässt vor hunderten von Zuschauern riesige Dinge schweben, geht durch die Chinesische Mauer und ließ sogar die Freiheitsstatue verschwinden. Er benutzte einen ganz simplen Trick. Während er die Leute mit seiner Show ablenkte und die Sicht auf die Statue versperrte, drehte sich die Plattform, auf der das Publikum saß, ganz langsam und daher umbemerkt in eine andere Blickrichtung (Sorry für das Verraten des Tricks).

Eine der interessantesten Aufnahmen vom zweiten Einschlag zeigt das Prinzip der Ablenkung. Auf den Aufnahmen der Naudet-Brüder[61] vom ersten Einschlag, um die es auch viele Diskussionen gibt, sieht man, dass erst im Schatten der riesigen Sprengwolke die Löcher in Flugzeugform auftauchen. Es ist nicht eindeutig zu erkennen, ob sie erst durch eine zweite Sprengung hineingefräst werden. Jedenfalls verdeckt die große Wolke den Blick darauf und genau das könnte der Zweck gewesen sein.

Weil das Thema „Zeugen" so wichtig ist, bitte ich Sie jetzt, sich in die Situation eines idealen Zeugen hineinzuversetzen. Ideal bedeutet, dass sie direkt unter dem Word Trade Center stehen. Stehen Sie weiter weg, versperrt Ihnen höchstwahrscheinlich ein anderes Gebäude den Blick. Es gibt nur eine einzige Straße, die direkt auf das WTC2 zuläuft und auf der Sie freie Sicht haben. Auf das WTC1 läuft gar keine Straße zu. Der Blick wird von WFC2 und 3 versperrt (siehe Pläne aus der Vogelperspektive[62]).

Wenn Sie auf der Straße stehen, die auf WTC2 zuläuft, sehen Sie nur einen relativ kleinen Ausschnitt. Das Flugzeug rauscht sehr schnell vorbei. Was ist Ihre ideale Blickrichtung? Wenn Sie nach oben exakt dort hinschauen, wo sich das vermeintliche Einschlagsloch befindet, ist das nicht ideal. Wenn wirklich ein Flugzeug hineinfliegt, sehen Sie es nur für den Bruchteil einer Sekunde.

Idealerweise stehen Sie mit dem Rücken zum Gebäude und schauen nach oben genau dorthin, wo das Flugzeug herkommt. Wie wahrscheinlich ist das, wenn das erste Gebäude lichterloh brennt? Sehr unwahrscheinlich. Es ist allerdings dann wahrscheinlich, wenn Sie das Flugzeug herannahen hören. Wenn es aber kein Flugzeug gibt, schauen Sie selbstverständlich nicht hin. Die meisten Leute hatten damit zu tun, vom Gebäude wegzurennen und nicht in die andere Richtung nach oben zu schauen. Die Täter wussten also, dass sehr wenige Leute diesen idealen Blick hatten. Alle anderen sagen sich, nachdem sie erfahren haben, dass ein Flugzeug reingeflogen ist, dass sie es wohl nicht gesehen haben.

Hinzu kommt: Wenn es wirklich Flugzeuge gab, haben diese auch Lärm verursacht. Der Schall braucht eine Weile, um bis ans Ohr zu dringen. Wenn Leute am Boden in die Richtung des Lärms schauen, sorgt also bei den meisten Standorten in unmittelbarer Nähe zum WTC der Doppler-Effekt dafür, dass sie an eine Stelle schauen, an dem die Maschine längst nicht mehr ist. Leute, die behaupten, wirklich eine Maschine gesehen zu haben, müssten also ein ziemliches Kunststück vollbracht haben.

Aber nehmen wir an, Sie haben die idealen Blickrichtung und sind sich sicher, dass da kein Flugzeug war (wie einige derer, die an dem Tag auf Sendung waren). Sie rufen nun bei CNN an und sagen denen, dass sie kein Flugzeug gesehen haben. Glauben Sie ernsthaft der Sender lädt sie ein und lässt sie diese Story erzählen, nachdem Milliarden von Menschen inklusive dieser Journalisten den Einschlag im TV gesehen haben? Nie und nimmer, höchstens in eine Comedy Show. Die Sender laden ja nicht mal die tausenden von Experten, Militärs, Physikprofessoren, Feuerwehrleute und Architekten ein, die die offizielle Story angreifen.

Und jetzt kommt das wichtigste Argument: Ausnahmslos jeder, seien es Familienangehörige, Freunde oder andere investigative Journalisten, denen ich erzählt habe, ich will die No-Plane-Theorie in mein Buch einbauen, haben gleich reagiert: „Spinnst Du? Mach das nicht. Du machst Dich lächerlich, unglaubwürdig und so weiter." Diese Reaktion ist absolut vorhersehbar. Ich wiederhole: absolut vorhersehbar. Und was lieben Kriminelle, die ein Verbrechen vorbereiten? Planbarkeit! Sie wissen, dass niemand einem Zeugen glauben würde, der kein Flugzeug gesehen hat oder diese Theorie aufstellt.

Der Beweis ist Ihre eigene Reaktion, als Sie die Theorie zum ersten Mal gehört haben oder die Reaktion Ihrer Freunde, wenn Sie davon erzählen. Testen Sie es. Jeder Propagandist kennt die Regel von Joseph Goebbels und anderen: Je größer eine Lüge ist, desto eher wird sie geglaubt. Weil man sich nicht vorstellen kann, so belogen zu werden. Die meisten Menschen lügen hier und dort. Aber meist sind es kleinere Notlügen oder Lügen aus Höflichkeit. Vor einer richtig großen Lüge schrecken die meisten zurück, deshalb können sie sich nicht vorstellen, dass andere eine so große Lüge erfinden. Vergleichen Sie diese Planbarkeit mit dem logistischen Albtraum zwei echte, riesige, träge Boeings in zwei Wolkenkratzer zu fliegen, die fast so breit sind wie die Türme selbst.

Vermutlich sind bei den Medien noch mehr Leute eingeweiht. Zumindest die Führung, damit im Zweifel eingegriffen werden kann. Vergessen wir nicht, dass der Vizepräsident von CNN einer der wenigen Boeing-Zeugen zwischen den Einschlägen war. Ein Mann bei der Nachrichtenagentur

Reuters war vermutlich auch noch mit im Boot (außer der Service wurde von unserem Computergenie gehackt). Denn die Agenturen mussten möglichst schnell den Einschlag eines Flugzeuges melden, um die möglichen Zeugen zu beeinflussen und zu traumatisieren. Offensichtlich existierte ein vorbereitetes Skript, was bei einem peinlichen Fehler aufflog: BBC meldete den Zusammenbruch von WTC7 Stunden bevor er passierte. Während die Nachrichtensprecherin die Meldung verlas, stand das Gebäude noch im Hintergrund. Erklärt wurde das später mit einer falschen Reuters-Meldung. So eine Meldung kann man sich wohl kaum „aus Versehen" ausdenken, denn WTC7 stand überhaupt nicht zur Debatte.

Im Folgenden sehen Sie eine Tabelle über alle Anomalien, die im Zusammenhang mit den Flugzeugen auftraten und ob diese durch eine der Theorien dazu erklärt werden können. Dabei handelt es sich um folgende Theorien: Die offizielle, dass die Flugzeuge ferngesteuert wurden, dass es Drohnen oder Raketen waren, oder dass es gar keine Flugobjekte gab. Wichtig: Jede einzelne Anomalie, die nicht anders erklärt werden kann, widerlegt die entsprechende Theorie.

Anomalie	Offizielle Theorie	Ferngesteuerte Boeings	Drohnen	Raketen	Keine Flugzeuge
Unmögliche Geschwindigkeit in dieser Höhe	Nein	Nein	Ja	Ja	Ja
Keine Luftverwirbelungen	Nein	Nein	Nein	Ja	Ja
Eindringen ohne dass Teile abbrechen	Neutral/Nein	Neutral/Nein	Neutral/Nein	Ja	Ja
Explodiert erst im Inneren, nicht bei erster Berührung	Neutral/Nein	Neutral/Nein	Neutral/Nein	Ja	Ja

Flügel dringt ein und Gebäudehaut schließt sich danach wieder	Neutral/Nein	Neutral/Nein	Neutral/Nein	Ja	Ja
Staubwolke (puff) einmal über, einmal unter dem Flügel	Nein	Nein	Nein	Ja	Ja
Merkwürdigkeiten:					
Fehler/Inkonsistenzen in den unscharfen und verschieden-farbigen Aufnahmen	Neutral	Neutral	Neutral	Ja	Ja
Zeugen, die kein Flugzeug sahen	Ja	Ja	Ja	Ja	Ja
Zeugen, die kein Flugzeug hörten	Nein	Nein	Neutral	Neutral	Ja
Kein Geräusch vom Einschlag auf Videos	Neutral/Nein	Neutral/Nein	Neutral/Nein	Ja	Ja
Eine comicartige Silhouette der Konturen .	Neutral	Neutral	Neutral	Nein	Ja
Risiko, das Ziel zu verfehlen, vermeidbar?	Nein	Nein	Nein	Ja	Ja
Risiko, die Bomben auszulösen, vermeidbar	Nein	Nein	Nein	Ja	Ja
Anzahl der Mitwisser auf einem Minimum?	Nein	Nein	Nein	Ja	Ja
Die sehr niedrige Anzahl authentifizierbarer Aufnahmen	Nein	Nein	Nein	Ja	Ja
Obwohl die Türme nur wenig breiter sind als die Flugzeuge, treffen sie voll	Neutral	Neutral	Neutral	Ja	Ja
Das exakte Timing mit den anderen Ereignissen	Nein	Neutral	Neutral	Ja	Ja
Risiko, dass es Aufnahmen gibt, auf denen ein falsches Fluggerät zu sehen ist, vermeidbar?	Ja	Ja	Neutral	Nein	Ja
Keinerlei Aufnahmen, auf der eine Boeing eindeutig erkennbar wäre	Neutral	Neutral	Neutral	Ja	Ja
Für Boeings untypische Flugmanöver	Neutral	Ja	Ja	Ja	Ja
Radarsignale, die verschwinden und anderswo wieder auftauchen	Neutral/Nein	Neutral	Ja	Ja	Ja
Flugzeuge befinden sich zweimal am selben Platz	Nein	Neutral/Nein	Neutral/Nein	Ja	Ja
Signale verschwinden am Rande der Radarlöcher	Nein/ Unnötig	Nein/ Unnötig	Ja	Ja	Ja
Logistischer Aufwand und Risiko	Sehr groß	Groß	Groß	Mittel	Gering
Wahrscheinlichkeit, dass diese Theorie sich in der Diskussion durchsetzt	Hoch bei der Masse / Gering bei den echten	Hoch	Mittel	Mittel	Null
Anomalie	Offizielle Theorie		Drohnen		Keine

Fazit: Es gibt für beide Seiten wenige Zeugen, von denen wir wissen. Diejenigen, die eine Boeing gesehen haben, könnten lügen oder sich irren. Diejenigen, die keine sahen, haben kein Motiv zu lügen, aber könnten sich auch irren, zumindest wenn sie taub sind. Von jenen, die keine Boeing gesehen haben, meldet sich natürlich keiner, weil sie davon ausgehen, einfach nicht in die richtige Richtung geschaut zu haben. Einige wiederum haben das tatsächlich über New York kreisende Flugzeug gesehen.

Experimente könnten die Situation eindeutig klären, aber es gibt keine begutachtete Simulation. Man könnte beispielsweise entsprechende Stahlträger mit 800 Kilometern pro Stunde auf die verschiedenen Teile einer bereits ausrangierten Boeing schießen und zeigen, dass das Flugzeug unbeschädigt bleibt, während der Stahlträger zerstört wird. Das ist kein sonderlich aufwendiges Experiment. Für Mordprozesse werden von Forensikexperten andauernd solche Simulationen durchgeführt und hier geht es um das Verbrechen des Jahrtausends. Die Maschinen waren definitiv zu schnell. Das ist zusammen mit den fehlenden Luftverwirbelungen eines der stärksten Indizien. Fest steht: Eine Fälschung der Bilder, für die es Indizien gibt, ist wissenschaftlich nicht auszuschließen. Unter der Annahme, dass es tatsächlich keine Boeings gab, stehen wir plötzlich vor einer völlig anderen Situation. Das exakte Timing, die seltsamen Radarsignale, die überlappenden Flugrouten erklären sich plötzlich wie von selbst. Und endlich gibt es auch eine Antwort auf die Frage: Da müssten doch viel zu viele Bescheid wissen. Diese ganze Aktion ist mit einem minimalen personellen Aufwand durchzuziehen.

Dann brauchen Sie nur noch denjenigen, der die Abfangjäger unten hält. Das war Major Robert Marr. Er kennt die Befehlsstrukturen, die Radarlöcher, die Abläufe und konzipiert auch noch die Übungen, bei denen er seinen Plan ausprobieren kann. Theoretisch kann Robert Marr das alleine, aber die Führung sollte schon eingeweiht sein, sonst würde er das nicht riskieren.

Außerdem besteht ja die Gefahr, dass General Arnold oder Cheney eingreifen. Letzterer war vermutlich das Mastermind, Mr. Goldfinger sozusagen. Es reichen also sechs oder meinetwegen doppelt so viele für die operative Arbeit, dazu die Führungsstruktur und diejenigen, die es dann vertuschen. Die getürkten Entführungen sind einfach die Übungen. Die Teilnehmer an der Übung hat man beseitigt oder ihnen erklärt, sie wären versehentlich in eine Real-Live-Situation geraten. Die Sündenböcke Atta & Co sind Teil der Übungen.

Also würde die Besetzung von Kobra oder der Impossible Mission Force (IMF) oder Ocean's Eleven schon reichen, auch wenn die Jungs vermutlich nicht so smart aussehen wie Tom Cruise, George Clooney oder Brad Pitt. Das FBI wird angewiesen, alle Beweise zu beschlagnahmen (wie zum Beispiel die Filme am Pentagon). Das brauchen sie den unteren Chargen nicht begründen, das ist Routine.

Natürlich werden in der Realität mehr Menschen beteiligt

gewesen sein. Aber ich will Ihnen nur ein Gefühl für die Schwachpunkte der Verteidigungsstruktur geben. Ohne Flugzeuge gibt es eben auch nichts abzufangen, selbst wenn die Jäger aufsteigen. Ich muss nur das machen, was jeder gute Verschwörer macht: Das Zentrum besetzen, wo alle Fäden zusammen laufen: Das Kontrollzentrum von NEADS. Genau dort begeben wir uns jetzt hin.

Cast: Robert „Kasparow" Marr, Dick „the Snake" Cheney, Kevin „the Deceiver" Arnold, Kevin „Nasty" Nasypany und ein Computergenie namens „David Copperfield".

Der Tatort

Was sich an diesem Tag abspielt, kann zum Teil anhand der Bänder rekonstruiert werden, die 2006 von Vanity Fair[63] veröffentlich wurden. Man hört militärische Kommandos und Funkverkehr mit dem typischen Rauschen, als wäre man live dabei. Die Tonaufnahmen sind spannend, der von Vanity Fair geschilderte Ablauf muss aber in Frage gestellt werden[64]. Ich benutze im Folgenden trotzdem die Originaldialoge und offiziellen Zeiten. Das Seltsame am von Vanity Fair geschilderten Zeitablauf: Am 18. September gab NORAD eine Presseerklärung heraus, nach der das Militär rechtzeitig informiert wurde und nur viel zu langsam - mit unterschiedlichen sich widersprechenden Erklärungen - reagiert hätte.

Fünf Jahre später erhalten wir eine Version, die den testierten Aussagen von General Arnold und Scott widerspricht und nach denen das Militär zu spät informiert wurde. Wenn das Militär tatsächlich schuldlos war, warum wartet es fünf Jahre mit der Erklärung und sagt vor der Kommission zu den eigenen Ungunsten aus? Das ist äußerst unwahrscheinlich. Wir müssen also davon ausgehen, dass die Bänder zwar echt sind, sich aber alles wesentlich früher abgespielt hat. Zusammengestellt hat den neuen Zeitablauf übrigens Colonel Robert Marr, der dann auch vor der Kommission gelogen hätte.

Hierzu die Aussage des Vorsitzenden der 911-Kommission Thomas Kean am 11. September 2006 im Washington Press Club: „Wir denken, die Kommission wurde in vielerlei Hinsicht eingesetzt, um zu versagen". In dem Buch „Without Precedent", das er zusammen mit seinem Vizevorsitzenden Lee Hamilton geschrieben hat, heißt es: „Der Nebel des Krieges (oder: der Eifer des Gefechtes), könnte erklären, warum am 11. September einige Leute verwirrt waren, aber es kann nicht erklären warum alle Berichte danach, die Untersuchungen der Unfälle (Zufälle) und die öffentlichen Zeugenaussagen der FAA und NORAD-Offiziellen einen Ablauf schilderten, der unwahr war."

Wir wissen, Arnold, Scott, Marr und Cheney haben vor der Kommission gelogen. Da Marr immer mit Arnold sprechen musste, und Scott, der Marr einstellte, daneben stand, gehören sie vermutlich zu den Bad Guys. Cheney hätte dann die ganze Situation als „Mastermind" überwacht. Da deren Gespräche alle nicht aufgezeichnet oder veröffentlicht wurden, können wir hier unsere Phantasie spielen lassen.

Ich gehe dabei davon aus, dass Marr die Hierarchie nicht übersprungen hat, sondern meist direkt mit Arnold kommuniziert hat und der wiederum mit Cheney. Marr gibt in seiner Aussage allerdings auch an, direkt mit dem Weißen Haus gesprochen zu haben, womit Cheney oder ein Mitarbeiter gemeint sein kann.

Begeben wir uns nun in den Kontrollraum von NEADS. Versteckt in einer von Pinien umgebenen Einbuchtung am Rand der Wälder von Adirondack oberhalb einer alten Eisenbahnstrecke steht ein 22 Jahre alter Aluminium-Bunker, aus dem eine riesige Antenne ragt. Das unscheinbare Gebäude, das aussieht wie ein auf der Seite liegendes halb vergrabenes Bierfass, ist das regionale Kontrollcenter für den nordöstlichen Luftverteidigungssektor, NEADS, der wiederum Teil des Nordamerikanischen Luftverteidigungskommandos NORAD ist.

Die Offiziere, Fluglotsen und Techniker, die hier arbeiten, sind zuständig für eine halbe Million Quadratmeilen Luftraum, der sich von der Ostküste bis Tennessee rauf über Dakota bis zur kanadischen Grenze inklusive Boston, New York und Washington erstreckt. Als Major Kevin Nasypany an diesem sonnigen September-Morgen den Hügel hochfährt, ahnt er noch nicht, dass aus den für heute geplanten Kriegsspielen blutiger Ernst werden würde. Mit seinem 80er Jahre Schnurrbart und einer kreisrunden Brille könnte man ihn eher für einen Bibliothekar halten, wenn er nicht seine Fliegeruniform an und eine stattliche Figur hätte.

Phantasie ist kursiv, Fakten sind in normaler Schrift angegeben. Die Zeiten werden als Fakten dargestellt, auch wenn sie zum Teil zweifelhaft sind, vor allem der Zeitpunkt der ersten Information über die Entführungen, da dieser zunächst vom Militär viel früher angegeben wurde.

Robert Marr ist aufgeregt. Hat er auch alles bedacht? Als er früh morgens vor allen Anderen den Kontrollraum betritt, klingelt schon das Telefon. Arnold ist dran:

Arnold: „Bereit für den großen Tag?"
Marr (unterdrückt sein ungutes Gefühl): „Ja Sir, alles ist präpariert."
Arnold: „Denken Sie daran, egal was passiert, die Abfangjäger dürfen nicht vor Ort sein. Sonst fliegt alles auf."
Marr: „Ja, kein Problem. Ich muss ja den Befehl zum Alarmstart geben."
Arnold: „Oder ich, also sind wir sicher. Cheney gibt im Zweifel eine allgemeine stand down order. Haben sie sich um die Andrews Air Force Base gekümmert?"
Marr: „Ja, die Jäger sind auf Trainingsmission."

Anmerkung: Die Andrews Air Force Base ist nur 15 Meilen vom Pentagon entfernt, nicht 150 Meilen wie Langley. Die Jäger dort hätten also die Flugzeuge locker abfangen können. In der Aviation Week vom 9. September 2002 ist nachzulesen, dass die Jäger dort auf Trainingsmission geschickt wurden und sich während der Attacken 180 Meilen entfernt befanden. Außerdem wäre Andrews nicht ans NORAD-System angeschlossen, aber das ist natürlich grotesk.

Die nächste Air Force Base zu Washington dient natürlich dazu, die Hauptstadt zu beschützen. Dass das Militär dort nicht anruft, weil es nicht „angeschlossen" ist, ist absurd. Hat Marr, der für die Übungen zuständig war, die Trainingsflüge veranlasst? Wir wissen es nicht, weil der 9/11 Commission Report dazu nichts sagt. Die Kommission sagte nur, Andrews wäre nicht zuständig gewesen, weil es nicht zu NORAD gehört!

Dick Cheney ist auch schon in seinem Büro. George W. Bush ist in Florida. Er muss nur noch vermeiden, dass Bush seine Befehlsgewalt an diesem Tag ausübt. Cheney ruft seinen Mann beim Secret Service an, der den US-Präsidenten bewacht. Cheney: „Habt ihr Bush gebrieft, dass ein Anschlag auf sein Leben geplant ist?" Secret Service Mann: „Ja, gerade eben um acht. Um sechs Uhr haben wir die Araber an die Rezeption geschickt, die sagten, sie hätten ein Interview mit Bush. Kurz vor neun lassen wir die Jungs nochmal vorfahren und „Nieder mit Bush" schreien."

Genau das passierte laut Longboat Observer vom 26. September 2001. Ein lokaler Ableger der ABC berichtet von einem versuchten Mordanschlag auf Bush durch die Südsudanesische Befreiungsfront SPLA, die von den USA unterstützt wird. Die US-Regierung und die Bundesregierung stimmten im Juli 2011 der Abspaltung des Südsudans zu, die von der Befreiungsfront angestrebt wurde.

Cheney: „Bush darf auf keinen Fall nach Washington, ist das klar?"

SS: „Ja, Sir, verstanden."

Die Übungen im NEADS Hauptquartier beginnen. Die Fluglotsen sitzen vor ihren Bildschirmen und rufen sich Kommandos zu. Alles läuft ruhig und nach Plan. Plötzlich erreicht Powell ein Anruf aus Boston. Fluglotse Joseph Cooper ist dran. Nach offizieller Darstellung um 8:37:52, laut Col. Scoggins aber vor 8 Uhr 30:

Cooper: „Hi, Boston Center TMU, wir haben ein Problem hier. Wir haben ein entführtes Flugzeug das nach New York steuert und wir brauchen euch Leute, wir brauchen jemanden, der eine F-16 oder so etwas hochschickt, helft uns aus!"
Powell: „Ist das echt oder Übung?"
Cooper: „Nein, das ist keine Übung, kein Test"

⏲ **8:37:56**

Die Techniker Watson und Dooley bekommen das
Gespräch mit:
Watson: „Was?"
Dooley: „Whoa!"
Watson: „Was war das?"
Rountree: „Ist das echt oder Übung?"
Dooley: „Eine echte Entführung!"
Watson: „Cool!"

Hunderte Stunden Übung und jetzt tatsächlich im Gefecht. Watson blendet die Tragik für die echten Opfer völlig aus. Er denkt nur noch daran, endlich das Gelernte anwenden zu können. Allen im Raum ist ab jetzt klar: Es wird ernst.

Über die Lautsprecher wird Kevin Nasypany ausgerufen:
„Major Nasypany sie werden im ops benötigt, pronto!
Major Nasypany sie werden im ops benötigt, pronto!"

Nasypany eilt zum „Ops Floor", es ist der „Kriegsraum" des Hauptquartiers. Unter gedimmtem Licht sitzen hier ein Handvoll uniformierte Soldaten vor jeweils vier bis acht Bildschirmen. Der Rest der 30-Mann Crew ist unterwegs in den Hallen oder checkt Emails im Büro. Es sieht aus wie in einem Trading-Raum an der Börse, nur dass an der Wand riesige elektronische Bildschirme hängen, die keine Börsenkurse, sondern Landkarten[65] zeigen.

Gleichzeitig bekommt Sergeant McCain einen Anruf von Sergeant Kelly vom Luftstützpunkt Otis:

Sergeant McCain: „Northeast Air Defense Sector, Sergeant McCain, kann ich Ihnen helfen?"
Sergeant Kelly: „Yeah, Sergeant Kelly von Otis, Wie geht's Ihnen heute?"
Sergeant McCain: „Yeah, reden Sie weiter!"
Sergeant Kelly: „Das – ich bekomme Berichte von meinem TRACON (lokaler, ziviler Flugverkehr), dass es da möglicherweise eine Entführung gibt."
Sergeant McCain: „Ich habe gerade dasselbe gehört. Wir arbeiten momentan dran."
Sergeant Kelly: „Okay, danke."

Dieser Dialog bestätigt die im Untersuchungsbericht verheimlichte Tatsache, dass der Fluglotse Daniel Bueno um 8 Uhr 28 direkt in Otis angerufen hat, weshalb Kelly nachfragt. Spätestens ab jetzt, vermutlich aber ab 8 Uhr 22 (nach Standard-Protokoll), waren alle relevanten Stellen informiert! Collin Scoggins in Boston hält NEADS laufend über die Position von Flug 11 auf dem Laufenden. Erstmals als die Maschine 20 Meilen südlich von Albany ist, also eigentlich vor 8 Uhr 30.

Die Bänder halten diesen Dialog zwischen Watson und Boston fest:

🕐 **8:39:58**

Watson: „Fliegt er zum J.F.K.?"
Boston: „Wir – wir wissen es nicht."
Watson: „Sie wissen nicht, wo er er überhaupt ist?"
Boston: „Er wurde entführt. Der Pilot tut sich schwer mit uns zu sprechen – Ich meine, wir wissen es nicht. Wir wissen nicht, wo er hinfliegt. Er ist, wie ich gesagt habe, 35 Meilen nördlich von Kennedy und fliegt jetzt mit 367 Knoten. Wir haben keine Ahnung, wo er hinfliegt oder was seine Absichten sind."

Er hat also keine Ahnung über das Ziel, kennt aber die genaue Position und Geschwindigkeit. Watson fordert Boston auf, ihn auf dem Laufenden zu halten, was nach eigener Aussage Colin Scoggins auch tut. Dooley schreit alle wichtigen Informationen quer durch den Raum zu Nasypany der in der

Mitte des War Rooms steht. Um 8 Uhr 40 beispielsweise, dass es eine Drohung im Cockpit gegeben habe. Nasypany fragt sich, ob die Übungen zu früh gestartet wurden und sagt laut:

Nasypany: „Die Entführung sollte doch erst in einer Stunde sein!"

Als Nasypany klar wird, dass es ernst ist, lässt er die Flieger in Otis um 8 Uhr 41 auf Gefechtsstation gehen (Battle Station). Er erbittet von Colonel Marr telefonisch die Freigabe für den Start. Marr ist im Battle Cab, oberhalb des War-Rooms durch schalldichte Glasscheiben getrennt. Marr gerät in Panik: Das ist viel zu früh. Wenn die Jäger jetzt aufsteigen, sehen Sie, dass dort gar keine Boeing ist.

Marr sagt zu Nasypany: „Ich muss erst Arnold fragen." (Das ist auf keinem Band, aber das hat er ausgesagt). Marr ruft Arnold an.
Marr: „Nasypany will die Jäger aufsteigen lassen."
Arnold: „Das ist zu früh!"
Marr: „Ich weiß. Was soll ich machen?"
Arnold: „Sagen Sie, Sie hätten mich nicht erreicht, ich sei in einer Telefonkonferenz."
Marr: „Ist das ihr Ernst? Außerdem habe ich selber die Kompetenz, sie aufsteigen zu lassen."
Arnold: „Verdammt nochmal, tun Sie, was ich sage. Eine Erklärung lassen wir uns später einfallen."

Tatsächlich wird es bei dieser kruden Begründung bleiben,

dass Arnold in einer Konferenz war. Die ist natürlich wichtiger an so einem Tag. Marr gab wahrheitswidrig an, er hätte nicht die Kompetenz dazu gehabt. Es ist zu bedenken, dass sich die obigen Dialoge wahrscheinlich viel früher abgespielt haben, wenn man die Aussagen von Cooper und Scoggins ernst nimmt. Die Verzögerung bis zum Start dauerte also eher mehr als zwanzig Minuten, in denen Marr dann angeblich auf die Freigabe durch Arnold wartet. Die Freigabe muss dann kurz vor 8 Uhr 45 gegeben worden sein. Um 8 Uhr 43 sagte laut den Bändern der Führer des Waffenteams Major James Fox noch Erhellendes:

⏲ 8:43:06

Fox: „Ich habe noch nie gesehen, dass so so viel echtes Zeug (real word stuff) während einer Übung passiert."

Weniger als zwei Minuten später gibt Nasypany Fox den Befehl, die Abfangjäger starten zu lassen. Die Jäger starten aber erst um 8 Uhr 51. Sie waren in voller Montur und starteten nicht. Entweder, weil Marr, wie geschildert, behauptet hat, er erreiche Arnold nicht oder Marr selbst hat noch einmal in Otis angerufen, um den Start zu verzögern.

⏲ 8:44:59

Fox: „M.C.C. (Mission Crew Commander). Ich weiss nicht, wo ich die Jungs hinschicke. Ich brauche eine Richtung, einen Zielort."
Nasypany: „Ok, ich gebe Ihnen einen Z-Punkt

(Koordinaten). Es ist gerade nördlich von – New York City."

Fox: „Ich habe diese Längskoordinaten: 41-15, 74-36 oder 73-46."

Nasypany: „Schicken Sie sie in diese Richtung."

Fox: „OK, wird gemacht." („copy that" ist eine Bestätigungsformulierung, die soviel wie „wird gemacht" bedeutet.)

Warum Fox sagt, er wüsste nicht, wo er die Jäger hinschicken soll, ist unklar, offensichtlich hat er nichts auf dem Schirm. Die Koordinaten entsprechen dem, was laut den Bändern Colin Scoggins um 8 Uhr 40 durchgegeben hatte: 41,15 Grad Nord, 73,46 Grad West. Colin Scoggins sagte aus, dass er fünfmal die Koordinaten durchgegeben hat, aber NEADS den Flieger nicht finden konnte. Liegt das daran, dass er auf den Radarschirmen von NEADS nicht zu sehen war? Wurde das Signal gelöscht oder handelte es sich bei dem, was Boston sah, um ein Insert?

Fakt ist: Fluglotsen tun den ganzen Tag nichts anderes als Flugzeuge zu finden und sind besonders darauf trainiert, sie zu finden, wenn ein Notfall auftritt. Das ist ihr Job. Wenn sich also zwei Fluglotsen unterhalten und der eine sieht den Flieger und der andere nicht, heißt das, dass beide unterschiedliche Signale auf dem Bildschirm haben. Das kann nur mit Inserts erklärt werden.

Einschub: Es ist offensichtlich, dass die FAA und NORAD unterschiedliche Signale auf dem Schirm hatten. Dabei ist interessant, was der ehemalige Polizist, Autor des

Buches „Crossing the Rubicon" und Chefredakteur des investigativen Nachrichtendienstes „From The Wilderness", Michael Ruppert über die Firma Ptech herausgefunden hat. Ptech Software läuft auf Computern der FAA, Regierungsbehörden, darunter FBI und Secret Service, dem Weißen Haus und dem Militär. Die MITRE Corporation, deren Chef der frühere CIA Direktor James Schlesinger war, hatte in den Jahren vor dem 11. September die Aufgabe, die Computersysteme aller Regierungsbehörden inklusive NORAD für den Fall eines Notfalls mit Hilfe der Software „PROMIS" zusammenzuführen.

Mitarbeiter von Ptech haben in den zwei Jahren vor 9/11 im Keller des FAA Hauptquartiers an dieser Zusammenführung der Software gearbeitet. Es ist ein sehr leichtes Unterfangen, in die Software „backdoors", sogenannte Hintertüren, einzubauen, über welche die Software von außen kontrolliert werden kann. Es gab eine juristische Untersuchung der Firma, weil sie im Verdacht stand, dass ihr Mitbegründer Yasin al-Qadi Terrororganisationen, darunter Al-Kaida, finanziert. Die Untersuchungen wurden blockiert und verliefen im Sande. Die Firma benannte sich um, aber die Software läuft weiterhin in Regierungsbehörden. Die Software ist offensichtlich in der Lage, alle Programme, an die sie angeschlossen ist, zu überwachen und zu überschreiben, auch die Radarcomputer in der FAA.

Yasin al-Qadi brüstete sich in Interviews damit, eine enge Beziehung zu Dick Cheney zu haben, was seine Sprecherin natürlich bestreitet. Die Verbindungen seiner Ölfirma

Halliburton zu terrorverdächtigen Saudis sind aber sehr gut belegt. Michael Chertoff[66] sabotierte offensichtlich die Ptech-Untersuchung.

Im Jahr 2010 starb Senator Ted Stevens in Alaska bei einem Flugzeugabsturz im Rahmen einer Übung, an der NORAD und die umbenannte Ptech beteiligt waren. Wusste der Senator zu viel? Die Whistleblowerin Indira Singh, eine IT-Spezialistin, die am 11. September bei JP Morgan arbeitete, enthüllte einiges über Ptech. Sie vermutet, dass auch Dick Cheney Ptech-Software in seinem Bunker hatte, mit der die Radarsignale eingespeist werden konnten. Dass auch das Weiße Haus zu den Kunden von Ptech zählt, ist offiziell, daher ist diese Vermutung nicht allzu gewagt. Gleichzeitig liefert die Ptech-Software in Real-Time alle Informationen, die allen Behörden zu diesem Zeitpunkt verfügbar waren. Singhs Geschichte ist hochdramatisch, sie wurde mehrfach bedroht, ihr Lebensgefährte starb bei einem Autounfall. Sie finden Videos mit ihr auf YouTube und etliche Artikel im Web[67].

Die Mainstream-Presse verschweigt sie weitgehend und ausführliche Untersuchungen zu Ptech werden bis heute blockiert. Weitere Menschen, die bei der Recherche zu Ptech eines unnatürlichen Todes starben, sind der Radiomoderator Michael Corbin und der CIA-Agent (nach eigenen Angaben) Roland Carnaby. Auch der Tod der mysteriösen „D.C. Madam", die eine Begleitagentur in Washington betrieb und prominente Politiker zu ihren Kunden zählte, könnte mit dem Fall zusammenhängen. Ptech könnte also der Schlüssel zu allem sein. Der investigative Journalist Danny Casolaro, der dem Rätsel um Ptech und einem geheimen Netzwerk namens „Octopus" auf der Spur war, wurde tot mit gebrochenen Armen aufgefunden. Alle Dokumente, mit denen er reiste, waren gestohlen. Die Polizei erklärte, es wäre Selbstmord gewesen! Life is stranger than fiction.

Jetzt informiert Nasypany seinen Vorgesetzten Robert Marr. Was Marr sagt, ist nicht auf dem Band. Marr starrt auf seine Bildschirme. Alles läuft nach Plan. Soeben ließ er die Radarsignale von Flug 11 und 175 kreuzen und die Funkverbindung zu den Übungsmaschinen abreißen. Flug 93 startet in Newark. In wenigen Sekunden würde die Bombe (?) in WTC1 hochgehen. Marrs Blick bleibt fest auf die Bildschirme gerichtet, als er den Hörer abnimmt.

⏱ 8:46:36

Nasypany: „Hi, Sir. Was – was wir tun? Wir versuchen diesen Burschen zu lokalisieren. Wir können ihn nicht via I.F.F. (Freund–Feind-Erkennung) finden."

Marr grinst diabolisch und denkt: Ja, Nasypany, weil er nicht da ist! Jetzt geht die Bombe in WTC 1 hoch. Marr sieht die Bilder aus dem Op-Center und ist fasziniert von der hollywoodreifen Sprengung.

Nasypany: „Was wir tun werden, wir werden jede Spur innerhalb eines Radius von 25 Meilen des Z-Points (also der Koordinaten) suchen, die wir in diesem

Bereich haben. 29000 (Fuß) nach 1 - 9 - 0 steuernd. Wir versuchen, versuchen diesen Kerl zu finden. Sie können ihn nicht finden. Da gab's wahrscheinlich Drohungen im Cockpit. Also wir versuchen's einfach..." Marr sagt irgendetwas. Nasypany: „Das ist wahr. Und wahrscheinlich, bei dem was da jetzt im Cockpit vorgeht, ist es wahrscheinlich wirklich verrückt. Also wahrscheinlich ist es nötig, dass sich die Lage beruhigt und dann bekommen wir wahrscheinlich bessere Informationen."

Hoffentlich nicht, denkt Marr und lässt den Transponder Code von Flug 175 ändern. Die Koordinaten, die Nasypany erwähnt sind wahrscheinlich die von Boston, die eigenen Bildschirme zeigen offensichtlich nichts.

Nach diesem Dialog hätten die Jäger sofort aufsteigen müssen, sie starteten aber erst um 8 Uhr 52. Möglicherweise hat Marr nochmal interveniert. Wir haben nur seine Aussage, dass er auf die Freigabe durch Arnold wartete. Auf den Bändern ist davon nichts zu hören, auch kein Dialog mit Nasypany, der darauf schließen lässt.

Wenn die Zeitangabe diesmal stimmt, ist Folgendes seltsam: Nasypany gibt die Höhe mit 29000 Fuß an. Laut 9/11-Bericht ist der Flug um 8:46:40 ins WTC gekracht. Es ist unmöglich in vier Sekunden 29000 Fuß an Höhe zu verlieren. Die seismischen Daten zeigen den Einschlag gar um 8:46:26. Also ist ganz offensichtlich Flug 11 nicht die Maschine, die das WTC getroffen hat – wenn sie überhaupt existierte.

Rountree bekommt die Meldung, ein Flugzeug wäre ins WTC geflogen und spricht mit den Kollegen darüber.

⏱ 8:51:11

Rountree: „Ein Flugzeug hat gerade das World Trade Center getroffen."
Watson: „Was?"
Rountree: „War es eine 737?"
Nicht identifizierte männliche Stimme: „Hat was getroffen?"
Watson: „Das World Trade Center!"
Dooley: „Mit wem sprichst Du?"
Watson: „Oh!"
Dooley: „Übergebe – übergebe es ihnen."
Watson: „Oh, mein Gott. Oh Gott. Oh mein Gott."
Rountree: „Ich hab's in den Nachrichten gesehen. Es ... ein Flugzeug ist gerade in das World Trade Center gekracht."

NEADS hat seine Information also aus dem Fernsehen! Wo soeben eine Computergrafik aus dem Op-Center in ein Gebäude geschoben wurde.

Dooley: „Update New York! Schaut nach, ob dieses Flugzeug überhaupt Höhe verloren hat."

Watson ruft die Flugsicherung in New York an:
Watson: „Haben Sie gerade die Information bezüglich des World Trade Center gehört?"
New York Center: „Nein".

Watson: „Getroffen von einem Flugzeug?"
New York Center: „Entschuldigung?"
Watson: „Getroffen von einem Flugzeug!"
New York Center: „Sie machen Witze!"
Watson: „Es ist in den weltweiten Nachrichten!"

Die Flugsicherung von New York bekommt nicht mit, dass ein Flugzeug in ihren Luftraum eindringt und ins WTC fliegt??? Sie erfahren es aus den Nachrichten?

Natürlich, denn das ist alles, was es ist: eine Nachricht, die über die Ticker rauscht. Bilder, auch keine gefälschten, gibt es bis dahin noch nicht. Nur die eines brennenden WTC. Es ist im Übrigen auch ausgeschlossen, dass Watson zufällig die falsche Person am Telefon hatte. Glauben Sie mir, wenn eine Boeing in den Luftraum von New York eindringt, ist in der Flugsicherung der Teufel los. Vermutlich geht auch ein Alarm los. Alle Fluglotsen müssen ja sofort beginnen, alle anderen Flugzeuge zu warnen.

Nach dieser Nachricht fragt jemand Nasypany, was mit den Otis Fliegern geschehen soll, die mit vollem Afterburner Richtung New York unterwegs sind.

☉ 8:52:40

Nasypany: „Sendet sie weiter nach New York: Go! Macht weiter!"
Nasypany (nicht zu hören mit wem er spricht): „Das ist es, was ich habe. Nachrichten, dass möglicherweise eine 737

gerade das World Trade Center getroffen hat. Das ist echt („real world"). Wir versuchen, das zu bestätigen. Okay. Fahren Sie fort, die Jäger nach New York zu schicken, J.F.K. Area wenn möglich. Stellen Sie sicher, dass die FAA die Route frei macht, den ganzen Weg dorthin. Tun Sie, was wir tun müssen, OK? Es sieht so aus, als ob dieser Kerl das World Trade Center getroffen hat."

Wenn diese Zeitangabe stimmt, müssen die Jäger also um 8 Uhr 52 in der Luft gewesen sein – verzögert durch Marr. Spätestens zehn Minuten später hätten sie beim World Trade Center sein können. Stattdessen bekommen sie den Befehl, südöstlich von Long Island – 150 Kilometer vom Geschehen entfernt – eine Schleife zu drehen.

Im Bericht der 9/11 Kommission steht nicht, wer den Befahl gab. Miles Kara, der zuständige Rechercheur veröffentlichte 2010 einen Bericht, nach dem die Piloten selbst verärgert waren über den Befehl, aber nicht wer ihn gab. Kara sagt aus, es gäbe keinerlei Primärquellen, wer den Befehl gab. Der Befehl konnte eigentlich nur von Craig Borgstrom, dem Supervisor of Flying (SOF) in Langley, kommen. Der berichtet aber nicht davon. Kam der Befehl direkt aus dem Battle Cab bei NEADS? Hatte Marr dort eine besondere Leitung? Die Gespräche unten im War Room wurden aufgezeichnet, die auf der Gefechtsstation, wo Marr war, nicht.

Allzu viel Phantasie braucht man für folgenden erfundenen Dialog also nicht. Da die Piloten Marr nicht identifiziert haben (oder nennen wollten), kann es natürlich sein, dass

Marr jemand anderes anrufen ließ, um nicht identifiziert zu werden. Dass die Piloten nicht wussten, wer genau da spricht, ist nicht auszuschließen. Sie gehen ja davon aus, dass nur der Zuständige auf ihrer Funkfrequenz ist.

Marr oder Mitarbeiter: „Battle Cab, NEADS hier. Fliegen Sie eine Warteschleife über Long Island im militärischen Luftraum. Die FAA sagt, es ist zu gefährlich, nach New York reinzufliegen. Zuviel Verkehr!"
Pilot: „Sir, Sir! Das ist kein Problem, wir haben freie Sicht, wir müssen an den Ort des Geschehens. Bitte, Sir. Lassen Sie uns unseren Job machen!"
Marr: „Das ist ein Befehl!"

Man weiß nur, dass die Piloten verärgert waren und nicht, ob groß diskutiert wurde. Soldaten diskutieren normal auch nicht, sondern befolgen Befehle. Erst um 9 Uhr 25 erreichten die Jäger schließlich Manhattan.
Dann telefoniert Rountree mit Scoggins vom Boston Center:

⏱ 8:55:18

Scoggins: „Yeah, es ist ins World Trade Center gestürzt."
Rountree: „Das ist das Flugzeug, das ins World Trade Center gestürzt ist?"
Scoggins: „Jup. Unabhängig von der Flugzeugnummer (tail number)."
Rountree: „Unabhängig von der Flugzeugnummer? Es ist ins Word Trade Center gestürzt?"

Scoggins: „Das ist, was wir glauben, ja."

Den Ausdruck „disregard the tail number" interpretieren verschiedene Autoren unterschiedlich. Die einen glauben, damit war gemeint, dass der Flug eine andere Nummer hatte als zuvor durchgegeben (so schreibt es Michael Bronner von Vanity Fair). Andere denken, es bezieht sich darauf, dass sie die Flugzeugnummer noch nicht herausgefunden haben. Festzuhalten bleibt, dass seltsamerweise die Flugzeugnummer nicht sicher ist, was sich auch damit erklären ließe, dass der Flug gar nicht existierte.

Ein NEADS-Techniker meldet Zweifel an: „Ich habe sie nie sagen gehört, dass es sich um Flug 11 handelte."

Ein weiterer Dialog von Scoggins in Boston mit Dooley in NEADS wirft Fragen auf:

Scoggins: „Das letzte Radarsignal, das wir hatten, war ungefähr 15 Meilen östlich von J.F.K. Oder acht Meilen östlich von J.F.K. War unser letzter Treffer. Er verlangsamte seine Geschwindigkeit... er verlangsamte sich auf unter 300 Knoten."
Dooley: „Und dann verloren sie ihn?"
Scoggins: „Ja, und dann verloren wir ihn."

Das bedeutet erstens, dass der Flug vom Radarschirm verschwand, bevor er ins WTC stürzte und zweitens ist die Geschwindigkeit viel niedriger als beim angeblichen Einschlag. Es ist wohl kaum denkbar, dass das Flugzeug in so wenigen Meilen plötzlich wieder so hoch beschleunigte. Wenn es aber gelandet wurde, Teil der Übung war oder es sich um ein Insert handelte, das vom Schirm genommen wurde (zum Beispiel, damit es nicht versehentlich nach der Explosion noch zu sehen ist), macht die Aussage schon Sinn. Scoggins erzählte Michael Bronner von Vanity Fair dann noch, dass sich American Airlines mehrere Stunden lang weigerte zu bestätigen, dass ihr Flugzeug im WTC einschlug. Vielleicht, weil es nicht so war?

Nasypany merkt, dass unter seinen Leuten langsam Panik um sich greift. Er macht einen Scherz, um die Spannung herauszunehmen.

⊘ 8:57:11

Nasypany: „Ich denke, wir setzen die Übungen aus."

Seine Jungs lachen. Sechs Minuten später vergeht es ihnen wieder.

⊘ 9:03:17

Rountree: „Sie haben eine zweite mögliche Entführung!"

Nahezu gleichzeitig flimmert live auf CNN der Einsturz der „zweiten Maschine" über die Fernseher, die auch im War Room eingeschaltet sind. Die Männer sind starr vor Schreck. Nasypany findet als Erster wieder die Fassung und berichtet Marr:

Nasypany: „Sir, wir haben - wir haben einen unbestätigten zweiten Einschlag von einem anderen Flugzeug. Jäger sind südlich - gerade südlich von Long Island, Sir. Gerade eben. Die Jäger sind südlich von Long Island."

Nasypany sagt das halb entschuldigend und halb verwirrt. Warum verdammt, sind die Jäger in Long Island und nicht über Manhattan? Er ahnt nicht, dass derjenige dafür verantwortlich ist, mit dem er gerade redet.

Ein Unbekannter hat einen lichten Moment, Folgendes ist auf den Bändern aus dem War Room zu hören:

🕐 09:04:50

„Ist diese Explosion Teil dessen, auf was wir jetzt im TV schauen?"
„Ja"
„Jesus..."
„Und da ist eine zweite mögliche Entführung - eine United Airlines"
„Zwei Flugzeuge?"
Get the fuck out..."
„Ich denke, das ist ein verdammter Input, um ehrlich zu sein."

Wer immer das war, er hat den Nagel auf den Kopf getroffen. Ein Input (wörtlich Eingabe) ist ein simuliertes Ereignis. Wie kommt er darauf? Da das Gespräch auf den Bändern aus dem War Room ist, dürfen wir annehmen, dass der Unbekannte die ganze Zeit die Radarsignale verfolgt hat und sich nicht erklären kann, wie plötzlich ein Flugzeug im WTC stecken kann.

Einer der Piloten der Otis Jäger, Major Dan Nash, machte gegenüber Michael Bronner noch eine interessante Aussage: „Von mindestens 100 Meilen entfernt, konnten wir den Rauch und das Feuer sehen. Offensichtlich hatte jeder, der CNN geschaut hat, eine bessere Idee davon, was passierte. Uns wurde gar nichts gesagt. Es war der Punkt, an dem wir mit Überschallgeschwindigkeit nach New York flogen und der Lotse kam und sagte: ‚Ein zweites Flugzeug hat das Word Trade Center getroffen'… Mein erster Gedanke war, was passierte mit American 11?"

Die Aussage enthält mehrere interessante Hinweise. Die Piloten wussten (vermeintlich) weniger als die TV-Zuschauer. Das heißt, nicht einmal diejenigen, die Amerika schützen sollten, hatten irgendeine Ahnung, was vor sich ging. Gesagt wurde ihnen nichts. NEADS selber wusste nur, was über den TV-Sender flimmerte. Wieviel einfacher sind dann Zivilpersonen vor Ort zu täuschen, die einfach eine Bombenexplosion sehen und die danach aus dem Fernsehen erfahren, dass da ein Flugzeug war?

Die letzte Frage lässt darauf deuten, dass der Pilot auch rätselte, wie das Flug 11 sein kann, sonst hätte er gesagt: „Mein erster Gedanke war. Das muss Flug 11 gewesen sein". Aber nun die wichtigste Information: Sie bekamen den Befehl nach New York zu fliegen, kurz bevor die Bombe hochging.

Offensichtlich wurden sie dann aber erneut gestoppt, weil sie erst um 9 Uhr 25 dort ankamen.

Zur Erinnerung: Wir wissen, es war ein Inside Job. Die Piloten mussten also abgehalten werden, hinzufliegen. Wenn es keine Flugzeuge gab, war der Zeitpunkt für die Explosion im Voraus bekannt. Nur die wahren Täter konnten wissen, wann es ungefährlich ist, die Jäger nach New York fliegen zu lassen. Niemand sonst. Und der Befehl musste natürlich aus dem Gefechtsstand kommen, wo Robert Marr der Verantwortliche war.

Zwei Minuten später taucht das Radarsignal von Flug 77 an anderer Stelle wieder auf. Um 8 Uhr 56 war der Transponder ausgefallen und just zum zweiten Einschlag taucht es in entgegengesetzter Richtung fliegend wieder auf. Die offizielle Erklärung, dass man Flug 77 zu spät bemerkt hätte, ist übrigens eine Radarlücke. So ist zumindest eines von den Radarlöchern bestätigt. In jenem Radarloch konnte man natürlich auch ein Flugzeug landen und entweder ein anderes hochschicken oder schlicht am Rande des Loches auf dem Bildschirm einen Insert platzieren, der in die entgegengesetzte Richtung fliegt.

Nasypany ist inzwischen so sauer, dass die Otis-Jäger noch nicht in New York sind, dass er seinen Waffenchef Fox extra anweist, das Gespräch aufzuzeichnen:

Nasypany: „Okay, Foxy, stöpsle dich ein (plug in). Ich will sicher gehen, dass das auf Band ist... Wir müssen mit der FAA sprechen. Wir müssen ihnen sagen, wenn das so weitergeht, müssen wir die Jäger über Manhattan platzieren. Okay? Das ist das Beste. Das ist das beste Spiel im Moment. Also koordiniere dich mit der FAA Sag ihnen, wenn mehr dort draußen los ist, was wir nicht wissen, lass sie uns nach Manhattan schicken. Zumindest sind wir dann irgendwie im Spiel."

Offensichtlich wurde Nasypany gesagt, die FAA verhindere den Flug nach Manhattan. Ob er das direkt von der FAA hat oder möglicherweise von Marr, ist nicht auf den Bändern. Aber wie wir noch sehen werden, hatte Marr die Kompetenz, die FAA zu überstimmen. Warum hat er das jetzt nicht getan? Schließlich war klar, dass es sich um einen Angriff handelt und dafür ist sicherlich das Militär zuständig und nicht die zivile Luftfahrtbehörde.

Aber Marr war ab jetzt natürlich egal, ob Jäger nach Manhattan fliegen. Er kannte ja den Plan und die Jäger machten sich auf den Weg. Viel mehr Sorgen machte Marr ein Geistesblitz von Nasypany. Er realisierte, dass es sich um einen groß angelegten Angriff handelte und wollte die Hauptstadt mit dem Weißen Haus und dem Pentagon schützen.

Also schlug er vor, dass zwei Jäger in Langley auf Gefechtsstation gehen. Nasypany sagte vor der Kommission aus, dass er zu diesem Zeitpunkt noch nicht sicher war, was er mit den Jägern machen würde, aber eine Überlegung war, sie nach Baltimore zu schicken um eine Barriere vor der Hauptstadt zu errichten, was er später auch tat, aber erst um 9 Uhr 24.

Seine Aussage enthält noch mehr interessante Details[68]. Er berichtet, dass die Chatlogs (Chats ähnlich wie im Internet) von Realität und Übung durcheinander gerieten, ohne dass er sich erklären könne, wie das passieren konnte. Ein Indiz dafür, dass sie absichtlich manipuliert worden sein könnten. Er bestätigte auch, dass sich Colonel Marr in der Battle Station befand und er über eine sichere Leitung mit ihm telefonierte.

Nasypany drückt aufs Tempo.

⏱ 9:09 (Channel 2)

Nasypany: „Sag Foxy, Langley soll starten (scramble). Gefechtsstation oder starten. (überlegt) Gefechtsstation nur Langley." Das bringt Marr in große Schwierigkeiten. „Verdammter Nasty, wie kommst Du auf Washington?", denkt er bei sich. Wenn er jetzt die Langley Jäger aufsteigen lässt, fliegt alles auf. Er braucht eine Ausrede. Laut einer vom Militär unterstützten Rekonstruktion der Ereignisse (Lynn Spencer) hält Marr jetzt Rücksprache mit Arnold. Da keine Aufzeichnungen existieren, hier wieder Phantasie:

Marr: „Nasypany schickt die Langley-Jäger auf

Gefechtsstation."

Arnold herrscht ihn an: „Wie zum Teufel kommt er auf die Idee? Er weiß doch gar nichts."

Marr: „Keine Ahnung, Nasty riecht sowas. Er will vorsorglich Washington schützen."

Arnold: „Lassen Sie sich was einfallen. Die dürfen frühestens in zwanzig Minuten hoch."

Tatsächlich lässt sich Marr etwas einfallen. Laut Lynn Spencers Buch „Touching History: The Untold Story of the Drama That Unfolded in the Skies Over America on 9/11" will Marr vermeiden, dass den Langley-Jägern zur selben Zeit der Sprit ausgehe wie den Otis-Jägern. Ganz offensichtlich ein vorgeschobener Grund, denn wenn die Langley-Jäger aufgestiegen wären, wären die Otis Jäger schon ein halbe Stunde in der Luft, wie soll ihnen da gleichzeitig der Sprit ausgehen?

Abgesehen davon ist es lächerlich anzunehmen, dass Jäger in Alarmbereitschaft nicht genügend Sprit an Bord haben. Zumal in der Zwischenzeit weitere Jets betankt werden können. Als nächste Begründung schob Marr nach, er wollte keine vier Jäger in New York haben, aber das war ja gerade nicht das, was Nasypany nach eigener Aussage im Sinn hatte.

Robert „Kasparow" Marr war nicht nur ein Meister der Planung, sondern auch der Improvisation und sein Meisterstück liefert er jetzt. Otis teilt Nasypany mit, Supervisor Borgstrom hätte alle Piloten zurückgerufen und sechs weitere Maschinen zur Verfügung, die gerade auf Trainingsmission waren. Das spielt sich in den Minuten vor 9 Uhr 20 ab.

Ob Marr das mitbekommen hat, wird nicht klar, aber er startet sein erstes Ablenkungsmanöver. Plötzlich fällt ihm ein, dass er ein AFIO (Authorization for Interceptor Operations) erklären könnte. Mit dieser Autorisierung zum Abfangen wird die FAA überstimmt, die keine Freigabe für den Luftraum über Manhattan gegeben hatte. Jetzt wo es zu spät ist, schickt er die Otis-Jäger also nach Manhattan.

⏱ 9:16

Unbekannter NEADS-Offizier: „Seid vorsichtig, was ihr auf der Leitung sagt, weil es aufgezeichnet wird und die Bänder anschließend übergeben werden."

Nasypany weiß, dass es mehrere Stützpunkte gibt, die Jäger aufsteigen lassen könnten. Paul Schreyer listet mehrere davon auf. Neben der nächsten, Andrews, ist da noch Selfridge, Toledo und Syracuse. Sie kommen im Abschlussbericht der Kommission gar nicht vor, aber aus den Tonbändern geht klar hervor, dass Nasty versucht hat, sie zu aktivieren, beispielsweise jetzt:

⏱ 9:18

Nasypany: „Selfridge. Ruft Selfridge an!"

Doch nichts geschah. Die Jäger dort drehten weiter ungestört Trainingsrunden. Der offizielle Bericht liefert keine Erklärung dafür. Hat Marr wieder eingegriffen?

⊘ **9:20**

Nasypany zu Marr: „Wir haben also mehr Flugzeuge zur
Verfügung."

*Jetzt weiß er es offiziell. Was soll er tun? Da hat er den rettenden
Einfall. Er schickt nicht nur die Langley Jäger hoch, sondern auch
noch den Supervisor Borgstrom. Damit fehlt derjenige, der die
anderen sechs Jets hochschicken und dirigieren könnte.* Arnold
und Marr sagten aus, sie hätten die Jäger losgeschickt, um
Flug 93 abzufangen, was sie um 9 Uhr 16 erfahren hätten.
Da war Flug 93 aber nach offizieller Lesart noch gar nicht
entführt. War das die Vertuschungsgeschichte, warum Marr
plötzlich seine Meinung änderte und die Langley-Jäger trotz
des angeblichen Sprit-Problems hochschickte?
Marr spielt erst noch auf Zeit, indem er sagt, er müsse erst
Arnold fragen, ob eine Abschussgenehmigung erteilt würde.
Nasypany schlägt die Bewaffnung vor:

⊘ **9:19**

„Meine Empfehlung, wenn wir jemanden rausnehmen
müssen (take out, also abschießen), wir benutzen AIM-9er
ins Gesicht (in die Nase des Flugzeuges)."

Kurz darauf, aber vor 9 Uhr 24, bekommt Borgstrom einen
seltsamen Anruf. Ein NEADS-Offizier fragt nach, ob noch ein
dritter Jäger aufsteigen könnte – ein völlig sinnloser Befehl.
Borgstrom antwortet konsterniert, er wäre im Moment der

einzige weitere Pilot, der aufsteigen könne. Er erhält den unmissverständlichen Befehl mit aufzusteigen.

Borgstrom gibt später zu Protokoll, er wisse bis heute nicht, wer ihn da angerufen hat. Der Anruf konnte aber eigentlich nur vom Battle Cab im NEADS-Hauptquartier kommen, wovon keine Bänder bekannt sind. Borgstrom gehorcht und der Koordinator in Langley ist aus dem Weg.

Zu allem Überfluss taucht plötzlich wieder ein Radarsignal auf, das bei NEADS für Flug 11 gehalten wird.

⊘ 9:21:37

Dooley: „Eine weitere Entführung! Er fliegt nach Washington!"
Nasypany: „Scheiße! Gib mir den Ort!"

Dann folgt eine kurze Diskussion, bei der man sich darauf einigt, dass Flug 11 wohl doch noch in der Luft ist.

⊘ 9:21:50

Nasypany: „Okay, American Airlines ist immer noch in der Luft – 11, der erste Bursche. Er fliegt nach Washington. Okay, ich denke wir müssen Langley jetzt losschicken. Und ich nehme die Otis-Flieger und jage dem Kerl nach, wenn ich ihn finden kann."

Nasypany gibt den Befehl, die Jäger aufsteigen zu lassen und nach Baltimore/Washington zu fliegen.

Die Meldung, dass Flug 11 noch in der Luft ist, kam nach letzter Version aus Boston, weil sie immer noch keine Bestätigung hatten, dass Flug 11 ins WTC gekracht war (kein Wunder, wenn es den Flug nicht gab). Scoggins gab an, man dachte, der Flug wäre unters Radar getaucht und wieder aufgetaucht. Aber wie kommt er darauf? Hat Marr in der Hektik einfach den Insert von Flug 11 wieder eingeblendet? Möglicherweise hatte Marr drei Bildschirme, den mit den Inserts, den, den seine Männer im War Room sahen und den bei der FAA. Seinen konnte er dann nach Belieben aufschalten.

Möglicherweise wurden die Inserts aber auch von PROMIS/Ptech direkt in Cheneys Bunker eingespielt. Es sollte allerdings nicht verschwiegen werden, dass die ganze Story mit dem Phantom-Flug 11 erst drei Jahre nach den Anschlägen aus dem Hut gezaubert wurde, worüber selbst die 9/11 Kommission verblüfft war, da dieser Umstand bis dahin in keinem öffentlichen Dokument erwähnt wurde. Interessant jedenfalls: Setzt man den Flugpfad von Flug 11 nach den Türmen weiter fort, fliegt er Richtung Washington. Damit hatte Marr aber das nächste Problem. Nasypany schickte jetzt die Langley-Jäger nach Washington.

Nasypany ist verblüfft ob der planerischen Fähigkeiten der Entführer.

⏲ 9:23:15

Nasypany: „Diese Burschen sind smart."
Unbekannter Mann: „Yeah, sie wussten genau, was sie tun wollten."

Nasypany: „Okay, lasst die Jäger aufsteigen (scramble). Schickt sie nach Washington."

Der wieder aufgetauchte Flug 11 passte Marr jedenfalls nicht ins Konzept. Er musste die Jäger davon abhalten, nach Washington zu fliegen. Das ist ihm gelungen. Die Jäger flogen nämlich nicht nach Washington, sondern Richtung Osten, wo sie eine Ehrenrunde über dem Atlantik flogen. Niemand weiß, wer diese Order gegeben hat. Es gibt weder Bänder, noch tauchen die Aussagen der beiden Hauptpiloten im 9/11 Commission Report auf. Dort steht nur, sie wären dem „generic flight plan", also dem Flugplan, der sonst in Friedenszeiten für sie gilt, gefolgt. Die Begründung ist haarsträubend. Die Piloten wussten, es ist ein Ernstfall (Borgstroms Freundin informierte ihn telefonisch vom ersten Einschlag, den zweiten sah er live auf CNN, Borgstroms Aussage enthält seltsamerweise keinerlei Erklärung für die unnötige Schleife), bekamen (auch laut 9/11 Commission Report) die klare Anweisung, nach Washington zu fliegen, und sollen trotzdem ihre Routine-Route geflogen sein? Lächerlich. Auch hier kommt wieder nur das Battle Cab in Frage, das eine andere Anweisung gegeben haben muss. Sie müssen sich das einmal bildlich vorstellen. Während Marr oben im Battle Cab durch die schalldichten Glasscheiben Nasypany und seine Männer bei dem verzweifelten Versuch beobachtet, die Jäger nach Washington zu steuern, schickt er sie eiskalt in die falsche Richtung. Hollywood könnte es nicht besser inszenieren. Wie entsetzt Nasypany und seine Leute über den Ausflug über den Atlantik waren, ist auf den Bändern zu hören.

Laut der vom Militär unterstützen Rekonstruktion von Spencer will Sergeant Powell um 9 Uhr 30 genaue Koordinaten an Langley durchgeben. Zunächst hebt niemand ab. Dann erfährt er zu seiner Verblüffung, dass der Supervisor in einer dritten Maschine sitzt und mit abgehoben hat.

Powell: „Drei? Ich hatte nur zwei Jets angefordert!"

Nasypanys Weapons Controller hat also keine Ahnung von der Order, drei Jäger hochzuschicken. Wie kann das sein? Ein glasklarer Hinweis, dass Nasypanys Männer absichtlich ausgebremst wurden. Powell selbst äußert gegenüber der Kommission, die Order müsse von „Senior Officials" im Battle Cab gekommen sein. Tatsächlich gab es also eine Schlacht zwischen dem „Battle Cab" und dem „War Room". Aber die Schlacht war noch nicht vorbei.

Im Gegenteil, nun kommt wieder so eine Phase, in der sich die Ereignisse überschlagen und sie beginnt um 9 Uhr 30. Präsident Bush wird – fast eine halbe Stunde nachdem er erfahren hat, dass Amerika angegriffen wird – aus der Grundschule in Sarasota geführt. Und das obwohl ein Soldat, der Bushs Telefon trug, unmittelbar nach dem zweiten Anschlag sagte: „Wir müssen raus. Kann sich jeder fertig machen?" Herausgefunden hat das der ehemalige Polizeioffizier Michael Ruppert, der in seinem Buch „Crossing the Rubicon" zu dem Schluss kommt: Irgendjemand (Cheney?) hatte das Kommando der Security zur sofortigen Evakuierung von Bush außer Kraft gesetzt.

Die Langley Jäger fliegen unterdessen statt nach Washington raus auf den Ozean. Um 9 Uhr 32 hört ein Fluglotse in Cleveland plötzlich aus dem Cockpit von Flug 93: „Ladies and Gentlemen, hier spricht der Kapitän, setzen Sie sich hin, bleiben Sie sitzen, wir haben eine Bombe an Bord. Also hinsetzen." Offensichtlich ein gefakter Funkspruch, vermutlich als Teil der Übungen, denn auch dieser Pilot gibt keinen Entführungscode ein. NEADS erfährt um 9 Uhr 34 von der FAA, dass Flug 77 vermisst wird.

Mitten in dem Trubel stellt jemand im War Room die logische Frage:

Major James Anderson: „Haben Sie gefragt - haben Sie gefragt, was wir machen, wenn wir den Kerl finden? Werden wir sie abschießen, wenn sie Passagiere an Bord haben? Haben Sie darüber gesprochen?"
Zuständig wäre der Präsident. Der wurde gerade aus der Schule geführt und hatte angeblich keine Verbindung zum Pentagon. Das zieht sich wie ein roter Faden durch den Tag. Immer wenn es wichtig wird, waren die Leute nicht erreichbar oder hatten eine schlechte Funkverbindung. Bush wollte unbedingt nach Washington zurück, was Cheney nicht erfreuen durfte. Hier wieder Phantasie:

Cheney spricht mit seinem Mann beim Secret Service (irgendwann zwischen 9 Uhr 20 und 9 Uhr 30):

SS: „Bush will zurück nach Washington.Wir können ihn nicht länger aufhalten."

Cheney: „Halten Sie ihn irgendwie auf. Sagen Sie ihm, es gab eine Drohung gegen die Air Force One. Er soll nach Barksdale fliegen, das sei sicherer."

An dieser Stelle macht jemand einen entscheidenden Fehler. Der Secret Service teilt dem Präsidenten tatsächlich mit, dass es eine Drohung gegen die Präsidentenmaschine gab. Ein anonymer Anrufer soll gesagt haben (es existiert keine Aufzeichnung, der Secret Service Mann könnte sie also auch erfunden haben, vielleicht hat auch Marr höchstpersönlich angerufen): „Angel is next!" („Angel ist als Nächstes dran.") Angel ist der interne Codename für die Air Force One.

Wie soll ein islamistischer Attentäter diesen Code kennen? Tatsächlich lässt sich Bush beeindrucken, die Präsidentenmaschine fliegt in einem Höllentempo davon und begibt sich nicht Richtung Washington, sondern zur Barksdale Air Force Base in Louisiana. Die ganze Affäre beschreibt Jürgen Elsässer ausführlicher in seinem Buch „Die Schattenregierung", in dem es darum geht, wie Neokonservative um Dick Cheney eine geheime Regierungsstruktur neben der offiziellen aufgebaut haben, die bis heute intakt sein soll.

Cheney war zu dieser Zeit in großen Nöten. Denn jetzt spielt sich die Szene ab, in der er das Flugzeug – oder den Insert – beobachtet, der nach Washington rast und der besorgte junge Mann fragt, ob der Befehl noch steht. Wir wissen, dass zu dieser Zeit von NEADS nachgefragt wurde, ob es die Erlaubnis gab, den Flieger abzuschießen, eine sogenannte „shoot down order". Laut offizieller Darstellung bekam NEADS keine Erlaubnis zum Abschuss. Also kann es sich bei der Frage des jungen Mannes nur darum handeln, dass es eben keine „shoot down order" war, sondern eine „stand down order". Während dieses Anflugs wurde der Transponder ausgeschaltet.

Die Kommission behauptet, erst nach Absturz von Flug 93 hätte Cheney eine Abschussorder gegeben, die Robert Marr wiederum eigenmächtig nicht an die Piloten weitergegeben hat, was er zunächst leugnete. Es ist nicht ermittelbar, wann das alles stattgefunden hat, da sich die Zeugenaussagen widersprechen. Fakt ist, dass Marr zu irgendeinem Zeitpunkt eine Abschussorder nicht weitergegeben hat (ausführlich nachzulesen in Paul Schreyers Inside 9/11. Schreyer beschreibt auch, dass weitere Stützpunkte wie die Andrews Air Force Base zur Verfügung gestanden hätten).

Hatte er Angst, dass aus Versehen eines der Übungsflugzeuge abgeschossen wird? Oder Flug 93, der in das Weiße Haus rasen sollte oder zumindest die Cover Story für einen Angriff darstellen sollte? Flug 93 wurde mit hoher Wahrscheinlichkeit trotzdem abgeschossen. Damit war der Plan einer „Enthauptung" der Regierung dahin. Bei einem Angriff auf das Weiße Haus wäre wohl sofort das Kriegsrecht ausgerufen worden. Niemand weiß, was dann passiert wäre. Möglicherweise erklären sich auch daraus die haarsträubenden Fehler, die an jenem Tag gemacht wurden. Man rechnete vielleicht nicht damit, das alles einmal erklären zu müssen.

Also auch hier wieder das gleiche Muster: Alles passiert gleichzeitig. Hat Marr jetzt die Cockpitgespräche aus den Übungen freigegeben, um Verwirrung zu stiften? Hat er jetzt das Transponder Signal abschalten lassen? Zur Erinnerung: Entführer auf den Flugzeugen konnten von all den anderen gleichzeitig stattfindenden Dingen nichts wissen.

Da Borgstrom nicht an seinem Platz war, versuchen Nasypanys Männer über „Giant Killer", eine zentrale Luftleitstelle der Navy, Kontakt zu den Langley Piloten aufzunehmen. Dies gelingt angeblich nicht, weil die Flugzeuge zu weit entfernt wären! Ausgerechnet am entferntesten Punkt um 9 Uhr 37 gelingt aber der Funkkontakt. Aber da ist es schon zu spät. Etwas, sicher keine Boeing, kracht ins Pentagon. Das Loch ist zu klein, die Fensterscheiben unbeschädigt und keinerlei absturztypische Flugzeugtrümmer sind zu sehen – weder vor der Wand noch im Gebäude.

Als sich die Piloten melden, wollen sie eine Bestätigung für den Kurs nach Osten! Jemand musste sie also nach Osten geschickt haben, wie Nasypany „zu seiner Überraschung" feststellt.

Um 9 Uhr 32 hören die Fluglotsen wie schon bei Flug 11 „aus Versehen" eine Durchsage der Entführer in Flug 93 an die Passagiere, dass alle sitzen bleiben sollten und eine Bombe an Bord wäre. Das ist alles: Eine Durchsage irgendwoher, die auf die Kopfhörer eines Fluglotsen übertragen wird.

Das war übrigens der Dialog von NEADS mit Giant Killer (Vanity Fair bezeichnet die Stelle als Navy A.T.C., also vermutlich Navy Air Traffic Control). Der Dialog gibt keine Hinweise, aber zeigt, wie sauer die NEADS-Leute waren, dass sie ständig sabotiert wurden. William Huckabone, der entdeckt hatte, dass die Jäger in die falsche Richtung flogen, ist erst 28 Jahre alt und muss von seinem Chef Master Sergeant Citino zur Ordnung gerufen werden, so aufgeregt war er.

⏱ **9:34:01**

Navy A.T.C.: „Ihr habt sie (Jäger) Richtung Osten fliegend. Jetzt wollt ihr, dass sie nach Baltimore fliegen?"
Huckabone: „Ja, Sir, wir wollen sie nicht in Whiskey 386 (das Übungsgebiet über dem Ozean!) haben."
Navy A.T.C.: „OK, und wenn er in Baltimore ist, was sollen wir dann tun?"
Huckabone (erregt): „Ihnen sagen, dass sie uns auf Frequenz 2-3-4 Dezimalstelle 6 kontaktieren sollen. Anstatt sie uns weiterzugeben und wir geben sie dann wieder zurück, sagen Sie dem Center einfach, sie sollen nach Baltimore fliegen."
Navy A.T.C.: „All right, Mann. Bleiben Sie dran. Wir rufen Sie zurück."
Citino: „Was soll das heißen, „Wir rufen Sie zurück?" Machen Sie's einfach!"
Huchabone (stocksauer): „Ich erwürg den Kerl!"
Citino: „Verhalte Dich professionell, Huck!"
Huckabone (kleinlaut): „OK."
Citino: „All right, Huck. Reißen wir uns zusammen."

Der von Vanity Fair veröffentlichte Dialog nährt natürlich die Ansicht, dass hier einfach nur geschlampt wurde. Wie wir gesehen haben, wurde aber absichtlich blockiert. Ich wollte Ihnen den Dialog aber nicht vorenthalten, weil er die Atmosphäre im War Room ganz gut wiedergibt.

Um 9 Uhr 37 kracht's im Pentagon. Flug 77, der plötzlich vom Radar verschwunden war und dann woanders wieder auftauchte, soll reingeflogen sein. Der NEADS-Controller gibt über Funk den richtigen Kurs durch, erhält aber nur die Antwort eines Tankflugzeug: „Wir leiten das weiter. Sie können euch nicht hören."
Nasypany ist wütend.

Nasypany: „Warum sind sie da rausgeflogen?"
Ein Mitarbeiter: „Weil Giant Killer sie da rausgeschickt hat."

Jetzt heiß es also, Giant Killer hätte sie aufs Meer geschickt. Es ist auch unwahrscheinlich, dass Giant Killer erst involviert wurde, nachdem die Jäger schon auf falschem Kurs waren. Das Ganze ist aber nicht mehr ermittelbar, weil Giant Killer die Bänder „routinemäßig" (so 9/11 Kommissions-Ermittler Miles Kara) gelöscht hätte! Routinemäßig, nach einem Ereignis wie am 11.9.! Aberwitzig.

Im 9/11 Commission Report selbst wird Giant Killer gar nicht erwähnt. Aber der Name passt zumindest. Die lahme Reaktion wäre natürlich auch damit zu erklären, dass Giant Killer gar nichts auf seinen Bildschirmen sah. Deshalb könnten Bänder, aus denen das hervorgehen würde, gelöscht worden sein. Ab 9 Uhr 40 kommen Nachrichten herein, dass Delta 1989 entführt wurde, was sich im Nachhinein als Fehlalarm herausstellt. Wurde die Crew durch einen weiteren Insert verwirrt?

Um 9 Uhr 45 wird der Stützpunkt Toledo alarmiert. Nasypany fragt immer wieder nach: „Toledo. Was ist mit Toledo?"

Um 9 Uhr 59 kollabiert der Südturm des WTC. Um 10 Uhr 3 erfährt NMCC von der Entführung von Flug 93. Wieder findet eine Entführung gleichzeitig mit einem für die Entführer nicht vorhersehbaren Ereignis statt. Um 10 Uhr 05 wird NEADS alarmiert.

Um 10 Uhr 06 crasht Flug 93. Keinerlei absturztypische Trümmerteile sind zu sehen.

Einer der Langley-Piloten meldet sich plötzlich.

⌚ 10:07:08

Pilot: „Baltimore sagt etwas über ein Flugzeug über dem Weißen Haus. Irgendwelche Befehle? (any words?)"
Citino: „Negativ. Stand by. Haben Sie das kopiert, SD (Major Fox)? Das Zentrum sagt, da ist ein Flugzeug über dem Weißen Haus. Irgendwelche Befehle?"
Fox: „MCC (Nasypany), wir haben Meldungen von einem Flugzeug über dem Weißen Haus."
Nasypany: „Abfangen!"
Fox: „Abfangen!"
Nasypany: „Abfangen und das Flugzeug irgendwohin abdrängen!"

Es gab kein entführtes Flugzeug über dem Weißen Haus. Entweder es war das mysteriöse weiße Flugzeug, das einige Zeugen gesehen haben und von den meisten Truthern für eine Awacs-Maschine gehalten wird, die die ganze Operation überwacht haben könnte, oder es war mal wieder ein Insert.

Nasypany versucht eine Abschussgenehmigung zu erreichen. Sie wird ihm aber verweigert, nach offizieller Lesart von Cheney.

⏱ **10:10:31**

Nasypany zu seinen Männern: „Negativ! Negative Clearance (Erlaubnis) zum Abschuss. Gottverdammt!"
Fox: „Ich bin nicht wirklich besorgt über Codewörter im Moment."
Nasypany: „Scheiss auf die Code-Wörter. Das sind unwichtige Informationen. Negative Clearance zu feuern!"

Nasypany wird nicht nur daran gehindert, den Abschussbefehl zu erteilen, sondern auch die Toledo-Jäger, die er um 9 Uhr 45 angefordert hat, bleiben aus. Immer wieder fragt er nach: „Wo bleibt Toledo?" Die Jäger starten aber erst um 10 Uhr 17. Wer war für diese Verzögerung verantwortlich? Es gibt wiederum keine offizielle Erklärung. Syracuse bietet zusätzlich laut den Bändern um 10 Uhr 12 seine Hilfe an:

⏱ **10:12**

Syracuse: „Meine Jungs können in 15 Minuten starten."
Nasypany erfährt, nur die Bordkanonen seien geladen.

Nasty schaltet blitzschnell und will sie einfach nur in der Luft haben, um wenigstens irgendwelche Maschinen vor Ort zu haben.

Nasypany: „Gut, scharfe Kanonen reichen mir, in Anbetracht der Zeit."

Dann gibt er Syracuse noch die Telefonnummer von Marr, „falls Sie mit ihm reden wollen". Wieder sabotiert Marr Nasypany. Er verlangt die volle Bewaffnung mit hitzesuchenden Raketen (Montieren dauert ein halbe Stunde) und radarsuchenden „Slammern" (Montieren dauert eine Stunde).

Marr: „Ich will alles."

Wieder, nun zum fünften Mal, verzögert Marr also das Aufsteigen der Abfangjäger. Angesichts des ungeheuren Zeitdrucks inmitten der Attacke ist es schlicht nicht nachvollziehbar, warum Marr eine Variante wählt, die über eine Stunde dauert. Gleichzeit bricht auf mirakulöse Weise wieder die Verbindung zu den Langley Fliegern ab. Aber Marrs Verzögerungstaktik geht diesmal nicht auf. Um 10 Uhr 06 stürzte Flug 93 bereits ins Feld von Pennsylvania, vermutlich abgeschossen durch einen Jäger, den Marr nicht unter Kontrolle hatte. Marr erfuhr davon aber erst um 10 Uhr 15.

◷ **10:15:00**

Watson: „United 93, habt ihr Informationen über sie?"
Washington Center: „Yeah, er ist unten."
Watson: „Was? Er ist unten?"
Washington Center: „Ja."

Watson: „Wann ist er gelandet? Denn wir haben die Bestätigung, dass..."

Washington Center: „Er ist nicht – er ist nicht – er ist nicht gelandet."

Da realisiert Watson, was gemeint ist. Er atmet tief aus.

Watson: „Oh. Er ist unten?"

Männliche Stimme: „Ja, Yeah, irgendwo nordöstlich von Camp David."

Watson: „Nordöstlich von Camp David."

Washington Center: „Das ist der letze Bericht. Sie wissen nicht genau, wo."

Aber es gibt keine Verschnaufpause. Das Telefon klingelt.

⏱ 10:15:30

Powell: „Südosten hat gerade angerufen. Wir haben eine weitere mögliche Entführung in unserem Gebiet."

Nasypany: „Allright. Fuck!"

Hier enden die von Vanity Fair veröffentlichten Bänder, vom Inhalt nicht ganz unpassend: „Fuck!" Die dreckige Arbeit war zu diesem Zeitpunkt bereits verrichtet. Um 9 Uhr 59 kollabierte der Südturm, um 10 Uhr 28 der Nordturm des WTC. Es gab keinen Anlass mehr, die Abfangjäger noch weiter unten zu halten. Ergäben diese Schilderungen, die ich an nur ganz wenigen Stellen mit Phantasie ergänzt habe, nicht eine wesentlich realistischere Darstellung dessen, was passiert sein könnte, mindestens aber einen spannenden Hollywoodfilm?

Nur die wahren Attentäter wissen, was im weiteren Verlauf des Tages noch geplant war. Möglicherweise wurden weitere Inserts eingespeist, um doch noch einen Angriff auf das Weiße Haus durchzubringen, das inzwischen evakuiert war. An irgendeinem Punkt scheint der Plan aufgegeben worden zu sein.

Es ist allerdings auch möglich, dass es diesen Flug gar nicht gab und mit der Absturzgeschichte die Erzählung verstärkt werden sollte, dass es überhaupt Flugzeuge gab. In diesem Fall hätte ein Militärjet einfach in den Boden geschossen, damit es nach einem Abschuss aussah. Tatsächlich sprechen die kaum vorhandenen Trümmer für diese Variante.

Ich will an dieser Stelle noch einen besonders beeindruckenden Zeugen zu Wort kommen lassen. Er ist deshalb so wichtig, weil wir von ihm genau wissen, wo er stand. Es handelt sich um den Fotografen David Handschuh. In einem PBS-Interview mit Charlie Rose[69] sagte er wörtlich: „(...) und dann explodierte (exploded) der Südturm, er explodierte (blew up) einfach und jemand sagte, das war ein Flugzeug. Ich war genau darunter, ich sah auf den Turm, ich hatte meine Kamera in der Hand, ich hörte den Lärm, aber ich sah niemals (never) ein Flugzeug."

Er realisierte nach seiner Aussage nicht, dass er ein berühmt gewordenes Bild von der Explosion schoss, auf dem man allerdings kein Flugzeug sieht, sondern nur die Explosion nach dem „Einschlag". Das Interessante ist nun, dass Handschuh davon ausgeht, dass dort ein Flugzeug reinflog, einfach weil man es ihm sagte und es davon TV-Bilder gibt. Genau so dürfte es eben den meisten gehen, die an dem Tag auf die Türme sahen und kein Flugzeug wahrnahmen.

Handschuh hat im Gegensatz zu anderen Zeugen Lärm gehört, konnte aber nicht genau spezifizieren was für ein Lärm das war und woher er kam. Handschuh ist ein Mensch, der damit Geld verdient, Dinge zu beobachten und zu fotografieren. Um wieviel leichter lassen sich dann Menschen täuschen, deren Beruf das nicht ist?

Handschuh sieht kein Flugzeug, aber glaubt, dass eines reingeflogen ist. Natürlich könnte auch eines reingeflogen sein, wenn man alle anderen Argumente außer Acht lässt. Ich will hier nur zeigen, dass es auch nicht stört, wenn keines reingeflogen ist, weil die Menschen dann eben glauben, es nicht richtig wahrgenommen zu haben. Vermutlich wurden am Boden auch Leute platziert, die sofort sagten, es wäre ein Flugzeug gewesen. Von so einem berichtet Handschuh ja. Besonders schwierig ist das nicht.

Die Vertreter der offiziellen Theorie disqualifizieren alle Experten, die widersprechen, als „Verschwörungstheoretiker", egal ob es sich um über 3.000 Wissenschaftler, Statiker, Ingenieure, Professoren, Piloten, Polizisten und Feuerwehrleute handelt, die sich in der 911-Truth-Bewegung sammeln. Wer wäre für Sie ein guter Experte? Wie wäre es mit jemand, der durch den Bau von Hochhäusern Milliardär geworden und heute der mächtigste Mann der Welt ist?

Ein TV-Journalist fragte kurz nach den Ereignissen Donald Trump, wie die großen Schäden zustande kamen und ob es da irgendeinen architektonischen Fehler gegeben haben könnte[70]. Zu Beginn des Gesprächs schilderte er, dass er sehr gute Sicht auf das WTC hatte und eine Explosion gesehen hätte. Er erwähnt dabei nicht, dass er selbst ein Flugzeug gesehen habe. Dann antwortet er: „Also, es war kein architektonischer Fehler. Sie wissen, das WTC war immer als ein sehr, sehr starkes Gebäude bekannt... Wenn Sie irgendetwas über die Struktur wissen: Es war eines der ersten Gebäude, die von außen her gebaut wurden. Der Stahl! Der Grund, warum das WTC so enge Fenster hatte, war, dass zwischen den Fenstern der Stahl an der Außenseite war. Es hatte also Stahl an der Außenseite des Gebäudes! Deswegen, als ich zuerst schaute, es hatte große schwere Träger. Als ich zuerst dahin schaute, ich konnte es nicht glauben, denn da war ein Loch im Stahl! Und das ist Stahl! Erinnert ihr euch an die Breite der Fenster im WTC, Leute? Wenn ihr jemals oben wart, sie waren ziemlich eng und dazwischen war dieser schwere Stahl. Ich sagte: Wie kann ein Flugzeug, sogar ein Flugzeug, selbst wenn es eine 767 oder 747 oder was immer es gewesen sein mag, wie ist es möglich, dass es durch Stahl geht? Ich denke, dass sie nicht nur ein Flugzeug hatten, sondern Bomben, die nahezu simultan explodierten. Denn ich kann mir nicht vorstellen, dass irgendetwas durch diesen Stahl gehen kann."

Natürlich ist es ausgeschlossen, dass arabische Terroristen Bomben im WTC platziert haben, die simultan hochgingen. Außerdem zeigen die Videoaufnahmen, dass das Gebäude erst nach dem vollständigen Eindringen des Flugzeuges explodierte. Aufnahmen, die Trump zu diesem Zeitpunkt noch nicht kennen konnte. Wenn Sie also dem Präsidenten der Vereinigten Staaten und Erbauer zahlreicher Hochhäuser oder Ihrem eigenen gesunden Menschenverstand mehr trauen als der Regierung und den Massenmedien, bleibt nur ein logischer Schluss übrig: Es sind keine Boeings in die Gebäude geflogen. In diesem Fall hätten aber Sprengsätze genau dort platziert werden müssen, wo später die Löcher auftauchten. Am 18. August 2001 berichtete die New York Times[71] über eine Künstlergruppe namens „Gelatin", die sich im 91. Stockwerk des Nordturms eingemietet hatten, um ein „Kunstprojekt" durchzuführen. Zu diesem Zweck bauten sie ein Clubhaus aus Kartons, das Besuchern die Sicht auf das Projekt versperrte. Die Crew konfiszierte laut dem Zeitungsbericht außerdem alle Filme und Fotos, die Besucher von dem Projekt machten. Wie es der Zufall so will, befand sich das „Projekt" nur zwei Stockwerke unter der Einschlagszone von Flug 11 (93. bis 99. Stock).

Gelignite ist Explosionsmaterial, das auch als „blasting gelatin" bekannt ist, also genau so heißt wie das Kunstprojekt. 2005 wurde das Projekt in „Gelitin" unbenannt und die Aktion im WTC hieß „B-Thing"[72]. Den Veröffentlichungen des Projekts sind Skizzen beigefügt, die man auch als Planungszeichnungen für das Verbrechen des Jahrhunderts interpretieren könnte. Auf einer Skizze[73] sieht man sogar einen Menschen, der vom Gebäude fällt. Die Süddeutsche Zeitung[74] schreibt am 17.Oktober 2001: „Die Bilder dieser Aktion scheinen die Perforierung der Fassade des World Trade Centers, die seinem Einsturz voraus ging, in prophetischer Weise vorwegzunehmen – und die Idee des Balkons am WTC als Rampe zur Unendlichkeit wirkt jetzt wie ein unerreichbares Wunschbild." Offiziell ging es bei dem Projekt darum, für kurze Zeit einen Balkon dort zu installieren, mit dem Helikopter zu filmen und dann wieder verschwinden zu lassen. Ein reichlich seltsames „Kunstprojekt".

Gelatine war Teil einer größeren Gruppe von Künstlern, die vom „Lower Manhattan Cultural Council" engagiert wurden, das 1973 mit der Unterstützung von David Rockefeller gegründet wurde[75]. Das LMCC residierte seit Ende der 90er Jahre im WTC, wie die Webseite vermerkt:

„Am 11. September 2001, als das Wort Trade Center zerstört wurde, verloren wir unser Zuhause, einen Performance-Ort, ein Studio und Ausstellungsräume und Archive für dreißig Jahre."

Am 29. März 2001 führte ein sogenanntes „E-Team" ein „LMCC World Views Short Term Project" mit dem Namen „127 Illuminated Windows"[76] auf den Etagen 89-95 des Nordturms durch. Die Künstler hatten also zu exakt den Etagen Zutritt, wo später die Löcher im Gebäude entstanden. Ich kann in diesem Buch nicht auf die okkulten Hintergründe der Machtelite eingehen. Dazu konsultieren Sie bitte meinen Videokanal[77]. Aber wer die Machtelite kennt, weiß, dass sie immer Zeichen hinterlässt, die darauf hinweisen, wer wirklich dahinter steckt. Klingt seltsam, ist aber so.

Es ist Teil ihrer luziferischen „Religion", dem gemeinen Volk die Wahrheit mitten ins Gesicht zu sagen, um zu zeigen, wie dumm die Menschen sind. Ihre seltsame Weltanschauung verlangt es sogar von ihnen. Vor diesem Hintergrund ist es wahrscheinlich kein Zufall, dass der Name des Projektes auf „Illuminaten" verweist und die andere Gruppe nach Explosionsmaterial benannt wurde. Aber weg von diesem kleinen Ausflug ins Okkulte, der natürlich nichts beweist.

Fakt bleibt, dieses von Rockefeller ins Leben gerufene Council hatte jederzeit Zutritt zum WTC und würde dabei nicht auffallen. Als Künstler getarnt, konnten also auch jederzeit Explosionsexperten eingeschleust werden.

Ebenfalls in Lower Manhattan operierten israelische Spione als Teil einer größeren Gruppe, die als Kunststudenten getarnt war. 200 Individuen wurden im Laufe der Aktion verhaftet, 140 noch vor den Anschlägen, wie der Daily Telegraph am 7.3.2002 berichtete[78]. Die Zeit schrieb am 2. Oktober 2002[79] über ein ein 61-seitiges Dokument der DEA[80], das die israelischen Spione mit den angeblichen Attentätern um Mohammed Atta in Verbindung brachte:

„Die Mossad-Agenten interessierten sich demnach auch für den Anführer der Attentäter, Mohammed Atta, und einen seiner wichtigsten Komplizen, Marwan al-Schehhi. Beide hatten in Hamburg gelebt, bevor sie sich in Hollywood im Bundesstaat Florida niederließen, um die Attentate zu planen. In der Kleinstadt operierte auch ein Team des Mossad. Der Chef, Hanan Serfati, hatte mehrere Unterkünfte gemietet. „Eine Wohnung von Serfati befand sich in der 701.

Straße, Ecke 21. Avenue in Hollywood, ganz in der Nähe von der Wohnung von Atta und al-Schehhi", berichtete später der französische Geheimdienst.

Alles spricht dafür, dass die Terroristen ständig von den Israelis observiert wurden. Der Chef der israelischen Agenten quartierte sich ganz in der Nähe jenes Postamtes ein, in dem die Terroristen ihr Postfach hatten. Außerdem hatte der Mossad Attas Komplizen Chalid al-Midhar im Visier, von dem auch die CIA wusste, ihn aber gewähren ließ.

In einem Memorandum[81] an diverse Regierungskommissionen von 2004 wird detailliert beschrieben, wie einige dieser „Kunststudenten" auch in Lower Manhattan operierten, wie die als „Dancing Israelis" bekannte Gruppe, die die Ereignisse filmte und feierte (S. 27ff). Sie wurden verhaftet, aber auf Druck der israelischen Regierung wieder freigelassen. Es gibt einen Researcher, der behauptet, eine direkte Verbindung der israelischen Spione, namentlich von Hanan Serfati, zu dem LMCC-Projekt gefunden zu haben, dies hält einer Überprüfung aber nicht stand.

Offiziell war mal wieder Inkompetenz im Spiel, als Atta & Co nicht verhaftet wurden, obwohl sie von israelischen Spionen überwacht wurden. Wahrscheinlich dienten diese Aktivitäten nur dazu, das Team zu überwachen, das eben später als Sündenbock herhalten musste. Hätte man sie verhaftet, hätte man ja eine neue Story gebraucht.

Bleibt noch die Frage, wie die Türme zum Einsturz gebracht

wurden. Außer der Sprengtheorie gibt es noch die Theorie von Dimitri Khalezov[82], nach der eine Atombombe eingesetzt wurde, sowie die These von Dr. Judy Wood und Professor Morgan Reynolds, seines Zeichens ehemaliger Direktor des Criminal Justice Center in Dallas und Chefökonom des Arbeitsministeriums unter George W. Bush zur Zeit der Anschläge.

Letztere gehen davon aus, dass geheimen Technologien (Directed Energy Weapons) eingesetzt wurden. Sie reichten auch diverse Klagen gegen den Staat ein, die aber abgewiesen wurden. Infos dazu finden Sie unter anderem auf der Webseite nomoregames.net. Sowohl Khalezov als auch Wood/Reynolds vertreten die These, dass keine Flugzeuge ins WTC geflogen sind. Sie stimmen auch darin überein, dass die Türme gar nicht auf konventionelle Weise gesprengt werden konnten, da dazu auch die aus 236 Stahlsäulen bestehende Außenwand hätte gesprengt werden müssen.

Welcher These Sie zuneigen, müssen Sie selbst beurteilen. Meine jahrelangen Recherchen haben ergeben, dass die Technologie, von der Wood spricht, in der einen oder anderen Form tatsächlich existiert. Für mich spricht auch die Tatsache, dass sich das Gebäude praktisch in Luft auflöste, für ihre These, obwohl auch Khalezov dafür eine Erklärung hat. Entscheidend für uns: Bei beiden Theorien ist ein minimaler Einsatz von Menschen nötig. Die Skalartechnologie könnte theoretisch von weiter Entfernung von einem Mann ausgelöst werden und für die Atombombe bräuchte man im Zweifel wohl auch nur ein, zwei Mann, obwohl in der Realität wohl mehr Menschen beteiligt waren.

An konventionelle Sprengungen glaube ich nicht, aber mit genügend Zeit könnte das wohl auch ein relativ kleines Team umgesetzt haben, falls Khalezov/Wood darin irren, dass auch die Außensäulen hätten gesprengt werden müssen. Ich neige aber auch zu der Ansicht, dass man die Außenhaut ebenfalls sprengen müsste, um so einen perfekten Einsturz zustande zu bringen.

Dass im Schutt Nanothermit gefunden wurde[83], kann alle möglichen Gründe haben. Vielleicht wurde auch eine Kombination verschiedener Methoden angewendet. Außerdem spricht vieles dafür, dass der Goldschatz unter dem WTC, von dem sogar die Welt am 2. November 2001 berichtete[84], geraubt wurde. Das würde ebenfalls die Explosionen im Keller erklären, die Zeugen hörten. Dazu bräuchte es ein größeres Team, aber Leute für einen gewöhnlichen Raub zu finden, dürfte wohl kaum schwierig sein.

Oberste Verbrecher-Regel: Keine Spuren hinterlassen

Selbst wenn Sie immer noch nicht davon überzeugt sind, dass Aluminiumflügel keine Stahlsäulen durchschneiden können, müssen Sie zugeben, dass die No-Plane-Theorie sehr elegant ist. Sie hinterlässt nämlich mit Abstand am wenigsten Spuren und Zeugen, woran den wahren Verbrechern wohl am meisten gelegen haben dürfte.

Versetzen wir uns einmal in die Lage eines Staatsanwaltes,

der das Verbrechen nachweisen will. Hat er überhaupt genügend Zeugen und handfeste Beweise? Wie schon erwähnt: Es ist sehr schwierig, die Nichtexistenz von etwas zu beweisen.

Wieviele Zeugen gibt es?

Tatort NORAD: Es ist offensichtlich, dass es notwendig war, die Abfangjäger aufzuhalten und in die falsche Richtung zu schicken. Aber selbst diejenigen, die an dem Tag im Kontrollraum waren, können nicht beweisen, dass Robert Marr das absichtlich getan hat. Seine beiden Vorgesetzten waren vermutlich involviert, aber auf jeden Fall haben sie ihn nicht des Verbrechens beschuldigt, also ist dieser Teil des Plots für den Staatsanwalt eine Sackgasse, so lange alle dicht halten.

Pentagon: Es ist offensichtlich, dass dort keine Boeing hineingeflogen ist. Trotz sicherlich etlicher Überwachungskameras zeigte die Regierung nur die Aufnahmen einer Kamera, auf der aber beim besten Willen keine Boeing zu sehen ist. Den Abschussbefehl könnte zum Beispiel Cheney oder der Vorgesetzte von Marr oder Donald Rumsfeld gegeben haben. Jedenfalls würden im Zweifel ein, zwei Leute ausreichen.

Ebenfalls bemerkenswert: Bereits an diesem Tatort sind die Täter mit der hanebüchenen Boeing-Story durchgekommen, obwohl es dafür ja auch „tausende von Zeugen" geben müsste. Aber auch hier gilt: Diejenigen, die nichts gesehen haben, denken eben, sie hätten nicht in die richtige Richtung geschaut oder es hätte sich alles zu schnell abgespielt. Außerdem gab es ja Zeugen, die eine Cruise-Missile sahen[85]. Sie wurden aber ignoriert.

Sie brauchten nur einen, der unterschreibt, man hätte die DNA-Proben der Fluggäste verglichen. Diejenigen DNA-Experten, die keine Proben verglichen, denken eben, es waren andere Kollegen daran beteiligt. Diese gibt es aber gar nicht, also gibt es auch keine Zeugen für diesen Vorgang. Allerdings könnte hier ein Staatsanwalt nachbohren. Im Zweifel würde man dann sagen, man hätte die Proben verlegt, so wie die Filmaufnahmen zur Mondlandung. Absturz von Shanksville: Ein Pilot, der in den Boden feuert, reicht aus.

WTC: Wenn es keine Flugzeuge gab, gibt es auch keine verwertbaren Spuren, etwa Fingerabdrücke. Irgendjemand hat die digitalen Bilder in die Live-Aufnahmen eingefügt, dazu reicht im Zweifel ein Mann. Die Medien müssen gar nicht involviert sein, denn die Journalisten glaubten ja das, was sie auf den Monitoren sahen. Diejenigen, die vor Ort keine Flugzeuge sahen, änderten ihre Ansicht, nachdem ihnen gesagt wurde, da wären Flugzeuge reingeflogen.

Denjenigen, denen bewusst wird, dass sie belogen wurden, wird in dem Fall auch bewusst, dass ihr Leben in Gefahr ist, wenn sie ihre Bedenken äußern. Schließlich hatte gerade die eigene Regierung 3.000 Leute umgebracht. Und beweisen, dass er nichts sah, kann der einzelne Journalist ohnehin nicht. Ein guter Verteidiger zerreißt eine entsprechende Aussage in der Luft.

Was ist nun mit den angeblich entführten Flugzeugen? Zunächst fällt auf, dass die Flüge relativ dünn besetzt waren und relativ viele Militärs oder Angehörige des militärisch-industriellen Komplexes waren. So waren auf jedem der Flüge, die angeblich ein Ziel trafen, Mitarbeiter von Raytheon[86]. Die Wahrscheinlichkeit dafür tendiert gegen null. Diese Leute könnten Teil des Spezialkommandos gewesen sein, das die Operation durchführte. Sie könnten heute unter falschen Namen weiterhin für das Militär arbeiten, etwa in Untergrundbasen, oder sie wurden beseitigt. Andere zivile Opfer könnten an den Übungen beteiligt gewesen und beseitigt worden sein.

Für diese Tötungen war natürlich ein Kommando nötig, aber Geheimdienste bringen andauernd Leute um und für den Mossad zum Beispiel gibt es dazu sogar offizielle Quellen[87]. Die Nato-Geheimarmee Gladio ist inzwischen auch eine bewiesene Tatsache. An solche klandestinen Gruppen kommt ein Staatsanwalt natürlich nicht heran. Wie soll er das anstellen?

Fazit: Die Taten selbst konnten von einem kleinen Spezialkommando durchgeführt werden. Unbeteiligte Zeugen, die ihre Beobachtungen beweisen können, gibt es praktisch keine: das perfekte Verbrechen.

Hier also die absolute Minimalbesetzung für den Coup:

1. Robert Marr, der die Übungen konzipierte und die Abfangjäger aufhielt.

2. Der Computerspezialist, der die digitalen Flugzeuge einfügte.

3. Ein, zwei Mann, die die Cruise-Missile ins Pentagon feuerten und vielleicht auch noch das Loch im Boden von Shanksville produzierten.

4. Ein kleines Team, das die Sprengungen durchführte, entweder konventionell (unwahrscheinlich), per Atombombe oder Skalarwaffen.

5. Ein Team, das Zeugen umbringt, beispielsweise jene, die an Übungen beteiligt waren und denen ein Licht aufging, dass es reale Ereignisse waren.

Wenn es sich um ein Team von top ausgebildeten Super-Agenten im Stile des Mission Impossible Teams handelte, die Spezialisten auf mehreren Gebieten sind, reichen rein theoretisch fünf Leute aus, da die Aktionen ja nicht alle gleichzeitig durchgeführt wurden. Natürlich werden es in der Realität mehr Leute gewesen sein. Aber die oft gehörte Behauptung, dass viel zu viele Menschen Bescheid wissen müssten, ist offensichtlich absurd. Abgesehen davon, dass am Manhattan Projekt zum Bau der Atombombe hundertfünfzigtausend Menschen beteiligt gewesen sein sollen, von denen keiner plauderte.

Selbst wenn Sie nicht an meine Theorie glauben, müssen Sie zugeben, dass der Plan theoretisch so durchführbar war. Es ist die risikoärmste und kostengünstigste Variante, sprich die effizienteste Lösung. Die Präzision der Planung spricht für ein militärisches Spezialkommando, aber sicher nicht für 19 muslimische Attentäter mit Teppichmessern. Das Beste dabei: Kaum jemand wird Leuten wie mir glauben, dass sie es genau so gemacht haben.

Wenn Sie ein psychopathischer Superschurke wären und Ihnen verschiedene Pläne vorgelegt würden, darunter den von mir geschilderten: Welchen würden Sie wählen?

Führte David Copperfield Regie?

Um so eine perfekte Illusion durchzuziehen, hätten die Schurken durchaus einen erfahrenen Illusionisten gebrauchen können, der sich sicher ist, dass die Leute auf die Inszenierung reinfallen. David Copperfield ließ beispielsweise 1983 ein riesiges Bauwerk in New York, die Freiheitsstatue, und zwei Jahre zuvor einen Lear Jet verschwinden. Als letzter Höhepunkt wird auf Wikipedia der „Tornado of Fire-Trick" von 2001 aufgeführt, für den er in einer Flugzeughalle trainierte.

Ein Forumsnutzer behauptete am 6. September 2002, er hätte David Copperfield in der TV-Sendung „Tonight's Extra" gesehen[88]. Copperfield hätte behauptet, er habe am 11. September in New York ein Flugzeug an seinem Penthouse vorbeifliegen sehen. Abgesehen von diesem gigantischen Zufall, wie konnte er etwas sehen, was es nicht gab? Über die Jahre wurden immer wieder Anschuldigungen wegen sexueller Belästigung gegen Copperfield bekannt[89]. Zumindest scheint er erpressbar zu sein.

Ich habe versucht, die Sendung im Archiv[90] des Senders zu finden. Tatsächlich war er häufig in der Sendung zu Gast, aber das Archiv zeigt nur Auftritte des Künstlers ab 2011. Copperfield heißt mit richtigem Namen David Seth Kotkin. Seth ist in der ägyptischen Mythologie der Gott des Chaos und des Verderbens. Er ist der Onkel des Gottes Horus, dessen Auge an der Spitze der Pyramide auf dem Ein-Dollar-Schein prangt. 1995 veröffentliche Copperfield ein Buch mit dem Titel: „Erzählungen des Unmöglichen" – „Tales of the

Impossible". Was ist seltsamer, die Realität oder die Fiktion, das Leben oder Hollywood?

EPILOG

Wie Sie sehen, liebe ich es, alle Fragestellungen auf möglichst ein Grundprinzip zu reduzieren. Das 9/11-Rätsel konnte mit Hilfe des dritten Newtonschen Gesetzes gelöst werden. Auch die Problematik menschlichen Zusammenlebens lässt sich mit einem einzigen Prinzip lösen: Derjenige, der einen Konflikt entscheidet, darf nicht Teil des Konfliktes sein. Da ein Staat auch diejenigen Konflikte entscheidet, in die er selbst verwickelt ist, scheidet er als Konfliktlöser aus.

Nur eine Privatrechtsordnung, in der beide Parteien den Richter freiwillig wählen, kann für ein friedliches Zusammenleben in Wohlstand garantieren. Wie das genau funktioniert, schildere ich in meinem Buch „Sicher ohne Staat"[91]. Meiner Meinung nach revolutioniere ich hier die libertäre Theorie. Wenn Sie sich für Politik und Gesellschaft interessieren, gibt es kein wichtigeres Buch.

Am 9/11-Fall lässt sich die Notwendigkeit eines neutralen Richters besonders leicht illustrieren. Derjenige Richter, der bisher alle Klagen von Opfern abgewiesen hat, arbeitete vorher für die Kanzlei, die für Larry Silverstein den Leasing-

Vertrag für das WTC ausgearbeitet hat. Das wäre in einer Privatrechtsordnung unmöglich.

Abhilfe könnte nur der Präsident der Vereinigten Staaten schaffen, aber das ist auch nur eine einzelne Person, die die Täter im Griff haben müssen. Derzeit schaut es so aus, als ob das Establishment Donald Trump bekämpft. Die Bush-Familie, die ganz offensichtlich in das Verbrechen vom 11. September verwickelt ist, greift ihn hart an, obwohl er Republikaner ist und eindeutig republikanische Politik macht. Zumindest können wir davon ausgehen, dass Donald Trump ziemlich genau über die Ereignisse vom 11. September im Bilde ist.

Viele hoffen, dass „Q" ein reales Phänomen ist und es sich dabei um eine Art Spezialkommando nach Art der „Mission: Impossible"-Filme handelt, das mit den echten Bösewichten aufräumt. Q wäre dann sozusagen der Gegenspieler zu der Truppe, die am 11. September die Welt zum Schlechteren veränderte.

In einem seiner Posts schreibt Q, dass aus spieltheoretischen Gründen die Gruppe derer, die über alles Bescheid wissen, weniger als zehn Personen beträgt. Das entspräche etwa der Größe, die nach meiner Theorie auch am 11. September agiert hat. Warum sollte es nicht auch einmal ein Spezialkommando geben, das tatsächlich für das Gute kämpft?

Dazu müsste Trump allerdings auch wirklich auf der Seite der Guten stehen. Immerhin hat er noch Jahre nach den

Terrorattacken Larry Silverstein als „guten Freund" bezeichnet. Der heutige Trump-Anwalt Rudy Giuliani verlegte 1999 das von ihm gegründete Notfallzentrum für New York („NYC Emergency Management") in den dreiundzwanzigsten Stock von WTC7. Dort könnte das eigentliche Operationszentrum für die ganze Aktion gewesen sein. Mit der Sprengung könnten die letzten Beweise vernichtet worden sein.

Und zum Schluß raten Sie mal, mit wem David Copperfield laut dem Forumsmitglied 2002 in der TV-Sendung saß, als er vom vorbeifliegenden Flugzeug erzählt haben soll: Donald J. Trump.

Quellenverzeichnis

1   www.nu-art.at

2   https://www.ae911truth.org/

3   https://www.oliverjanich.de/911wir-glauben-euch-nicht.pdf

4   https://www.oliverjanich.de/911-tathergang.pdf

5   https://www.youtube.com/watch?v=xxlO6jxfgRk

6   https://www.youtube.com/watch?v=Zz63hmavcMY

7   https://www.youtube.com/watch?v=6bVa6jn4rpE

8   https://www.youtube.com/watch?v=1pvEge5HPJU

9   https://fas.org/irp/congress/1992_rpt/bcci/

10 https://www.amazon.de/exec/obidos/
    ASIN/389879718X/wwwoliverjani-21

11 www.spiegel.de/spiegel/print/d-20129105.html

12 https://fas.org/irp/world/para/ubl-fbis.pdf

13 https://www.pbs.org/wgbh/pages/frontline/shows/binladen/
    who/family.html

14 https://www.amazon.de/exec/obidos/ASIN/3898798208/
    wwwoliverjani-21

15 https://usatoday30.usatoday.com/news/washing-ton/2004-04-18-norad_x.htm

16 https://en.wikipedia.org/wiki/Niaz_Khan

17 truthandarttv.com/RebuildingAmericasDefenses.pdf

18 911truth.org/did-military-exercises-facilitate-911-pentagon-at-tack/

19   pilotsfor911truth.org

20   https://ratical.org/ratville/CAH/linkscopy/AmalgumVirgo.pdf

21   https://en.wikipedia.org/wiki/Larry_Silverstein

22   https://www.zoominfo.com/p/Lewis-M.-Eisenberg/1029640

23   https://www.stroock.com/news/newsdetail_439

24   https://www.nytimes.com/2016/09/10/nyregion/judge-in-9-11-suits-feels-no-regret-that-none-ever-went-to-trial.html

25   news.bbc.co.uk/2/hi/uk_news/1012044.stm

26   https://de.wikipedia.org/wiki/Continental-Airlines-Flug_3407

27   https://www.youtube.com/watch?v=K7C0_mcK8LE

28   https://charlierose.com/

29   https://www.vanityfair.com/news/2006/08/norad200608

30   https://www.globalresearch.ca/ted-olson-s-report-of-phone-calls-from-barbara-olson-on-9-11-three-official-denials/8514

31   https://www.theguardian.com/world/2002/sep/02/september11.usa

32   https://listverse.com/2011/08/18/top-10-witnesses-who-died-suddenly/

33   https://www.youtube.com/watch?v=AUpG5CMbQRw

34   www.serendipity.li/wot/aa_flts/aa_flts.htm

35   https://de.scribd.com/document/13950333/T8-B3-Boston-Center-Colin-Scoggins-Fdr-ARTCC-Transcript-TMU-Severe-Weather-Position-AA-11

36   www.9-11commission.gov/hearings/hearing11/reiss_statement.pdf

37   www.911-archiv.net/Flugbewegungen-Verteidigung/wo-waren-die-abfangjaeger-am-11-september.html

38 http://www.hintergrund.de/201101111314/hintergrund/11-september-und-die-folgen/probten-us-regierung-und-militaer-den-ernstfall.html

39 http://www.broeckers.com/NEADS_to_know.pdf

40 https://www.youtube.com/watch?v=bDfdOwt2v3Y

41 http://pilotsfor911truth.org/forum/lofiversion/index.php?t8772.html

42 www.washingtonpost.com/wp-dyn/content/article/2006/06/09/AR2006060900891.html

43 www.ae911truth.org

44 https://www.youtube.com/watch?v=Q6CderfTWlY

45 https://de.wikipedia.org/wiki/Elastizitätsmodul

46 https://www.youtube.com/watch?v=1LiVP-B2cjw

47 https://www.youtube.com/watch?v=qMZioPMtFf0

48 https://www.youtube.com/watch?v=KCuh_2M4o3A

49 https://morganreynolds.files.wordpress.com/2011/05/fetzer_conference_vol_iv.pdf

50 www.drjudywood.com/wp/

51 pilotsfor911truth.org/wtc_speed

52 https://onlinelibrary.wiley.com/doi/abs/10.1002/acp.1607

53 https://www.youtube.com/watch?v=XA8xD9CFu40

54 http://911logic.blogspot.com/2006/12/911-eyewitness-report-cards_05.html

55 http://911logic.blogspot.com/2007/04/earth-is-not-flat.html

56 www.iwar.org.uk/iwar/resources/airchronicles/stein.htm

57 https://www.sourcewatch.org/index.php?title=Strategic_Com-

munication_Laboratories

58 https://www.youtube.com/watch?v=QNXmgF2yAEc&feature=related

59 http://www.youtube.com/watch?v=UVhhu5OjMf8

60 http://www.911myths.com/images/5/5b/Remote_Takeover.pdf

61 https://www.youtube.com/watch?v=Ys41jnL2Elk

62 https://de.wikipedia.org/wiki/World_Trade_Center#/media/File:WTC_Building_Arrangement_and_Site_Plan.svg

63 www.vanityfair.com/politics/features/2006/08/norad200608

64 www.911truth.org/article.php?story=2006091418303369

65 https://www.vanityfair.com/news/2006/08/norad200608?-currentPage=1

66 https://www.democraticunderground.com/discuss/duboard.php?az=show_topic&forum=104&topic_id=2951935

67 911truth.org/ptech-journey-wall-street-whistleblower/

68 https://www.9-11commission.gov/report/911Report.pdf

69 https://www.youtube.com/watch?v=IHrbQ0u3xzk

70 https://www.youtube.com/watch?v=se34mK00UXw

71 https://www.nytimes.com/2001/08/18/nyregion/balcony-scene-unseen-atop-world-episode-trade-center-assumes-mythic-qualities.html

72 https://www.gelitin.net/projects/b-thing/

73 https://www.markdotzler.com/Mark_Dotzler/WTC_Artists.html

74 https://www.gelitin.net/uploaded/PDF/B-Thing/SZ171001.pdf

75 https://lmcc.net/about/history/

76 www.travelhome.org/127/index.html

77 https://www.youtube.com/channel/UC3cmEfpy4XED7YYEe-69nIMA

78 https://www.telegraph.co.uk/news/worldnews/middleeast/israel/1387069/US-arrests-200-young-Israelis-in-spying-investigation.html

79 https://www.zeit.de/2002/41/Tuer_an_Tuer_mit_Mohammed_Atta

80 https://www.antiwar.com/rep/DEA_Report_redactedxx.pdf

81 www.antiwar.com/rep2/MemorandumtotheCommissionandSelectCommitteesbold.pdf

82 https://www.nexus-magazin.de/artikel/lesen/11-september-die-dritte-wahrheit

83 https://nanothermit.wordpress.com/tag/niels-harrit/

84 https://www.welt.de/print-welt/article484834/Der-Goldschatz-der-Twin-Towers.html

85 https://www.youtube.com/watch?v=yRPWLqc5T20

86 https://www.democraticunderground.com/discuss/duboard.php?az=view_all&address=125x57477

87 https://en.wikipedia.org/wiki/List_of_Israeli_assassinations

88 https://www.forums.geniimagazine.com/viewtopic.php?t=8178%23p87247

89 https://www.bbc.com/news/entertainment-arts-42816365

90 extratv.com/search/?q=David+Copperfield

91 https://www.amazon.de/exec/obidos/ASIN/197340124X/wwwoliverjani-21